니체 철학 한 조각

니체 철학 한 조각

- 춤추는 별이면 뭐지
- 고독과 외로움은 다르다
- 인생 2회차를 사는 듯
- 절망이 주는 선물
- 순간을 영원처럼
- 어쨌거나 삶은 계속된다
- 나다운 삶
- ? → !
- 내제의 커다란 냉장고

류재훈 지음

netmaru

차례

프롤로그　삶이 어렵고 힘들 때, 니체에게 묻는다.　　6

✢ Part 1　고통의 진흙탕에서 벗어나려면

첫 번째	자기 욕망을 추구하라 • 힘에의 의지	22
두 번째	자신을 사랑하라 • 강자의 조건	48
세 번째	고통을 망각하라 • 망각	62
네 번째	주어진 것을 선용하라 • 아모르 파티	74

✢ Part 2　삶의 의미를 찾는 사람들에게

첫 번째	내 마음의 소리를 들어라 • 니힐리즘	86
두 번째	삶을 놀이처럼 살라 • 인간 정신 발달 3단계	102
세 번째	순간을 영원처럼 살라 • 영원회귀	118
네 번째	삶을 예술처럼 살라 • 예술과 창조	136

✢ Part 3 행복과 불행의 갈림길에서

첫 번째	세계를 인정하라 • 니체 행복관	158
두 번째	과정을 즐겨라 • 우연과 필연	172
세 번째	시련을 견뎌라 • 고독	184
네 번째	죽음을 똑바로 보라 • 죽음	202

✢ Part 4 나를 넘어서려면

첫 번째	위대한 것에 비추어 보라 • 초인	218
두 번째	대지에 두 발로 서라 • 실존	234
세 번째	익숙한 것을 낯설게 보라 • 신념	252
네 번째	영혼이 담긴 말을 하라 • 니체 언어관	272

✢ Part 5 내 삶의 주인공이 되려면

첫 번째	춤추는 별이 되라 • 주인 도덕과 노예 도덕	292
두 번째	자신의 세계를 창조하라 • 피로 써라	308
세 번째	모든 족쇄를 벗어 던져라 • 가치 전도	320
네 번째	깨지 않는 꿈을 꾸어라 • 디오니소스적 긍정	332

에필로그 춤추는 별이면 됐지, 언제 빛나는지 그딴 게 뭐가 중요한데?   348

프롤로그

삶이 어렵고 힘들 때, 니체에게 묻는다.

머리를 손에 들고 사는 사람들

"오늘도 아침에 입에 빵을 물고 똑같이 하루를 시작하고. 온종일 한 손에는 아이스 아메리카노. 피곤해 죽겠네." (여자)아이들의 〈나는 아픈 건 딱 질색이니까〉의 노랫말처럼, 우리는 매일 대체로 비슷한 일상을 보냅니다. 어제 점심 메뉴가 뭐였더라, 어떤 옷을 입었더라, 떠올리려 해도 잘 기억나지 않습니다. 달력을 넘길 때마다 시간이 언제 이렇게나 지난 것인지 화들짝 놀라곤 합니다. 가석방을 기다리는 성실한 모범수처럼, 쳇바퀴를 돌리는 다람쥐처럼, 그저 발등 위에 떨어진 일을 꾸역꾸역 처리하며 살아갑니다.

여러분은 매일 똑같은 출근길에 어떤 생각을 하나요? 대부분 무언가 생각하기보다 스마트폰에 몰두해 있겠지요. 줄곧 푹 숙인 고개로, 창문 밖조차 좀처럼 내다보지 않습니다.

철학자 미셸 세르Michel Serres는 사람들이 스마트폰을 손에 들고 다니는 모습을 고대 로마의 성인 드니Saint Denis의 전설을 인용해 비유했는데요. 당시 참수형을 당한 드니는 목이 잘린 뒤 자신의 머리를 두 손으로 들고 걸어갔다고 하죠. 세르는 오늘날 우리의 평소 모습이 드니의 섬뜩한 모습과 오버랩 된다고 말한 것입니다.

프롤로그

그런데 사실 우리가 스마트폰으로 그리 대단한 일을 하는 것도 아니잖아요? SNS 피드를 보거나, 게임을 하거나, 도파민 분비를 자극하는 짧은 동영상을 연달아 보는 시간이 대부분입니다. 남들은 뭘 먹고 어딜 여행하는지, 얼마나 화려하고 멋지게 사는지와 같은 시시콜콜한 정보를 얻기도 하고요. 예뻐지는 법, 옷을 잘 입는 법, 돈 잘 버는 법과 같은 기능성 정보에 빠져있다 보면 한두 시간쯤은 우습게 흘러갑니다. 도대체 우리는 자기 자신에 대해 언제 생각하는 걸까요? 아니, 생각을 하기는 하는 걸까요?

인생에도 트레이너가 필요하다.

나는 예전에 마흔이 되면 어떻게 살아가고 있을까 상상한 적이 있습니다. '마흔이라면 인생의 깊은 깨달음까지는 얻지 못하더라도, 꽤 그럴듯하게 살지 않을까?' 글쎄요. 마흔이 넘은 나는 여전히 꿈과 현실 사이에서 갈팡질팡, 같은 자리를 맴돌고 있을 뿐입니다. 도대체 인생은 어떻게 살아야 하는 걸까요? 왜 내가 산 주식은 항상 떨어지고, 내가 좋아하는 사람은 늘 떠나가며, 내가 하려던 일은 여지없이 실패하는 것인지. 헬스장에서 쇠질을 하던 중, 문득 이런 생각이 들었습니다. '내 인생에도 트레이너가 있다면 좋을 텐데.' PT(퍼스널 트레이닝)를 받아 본 사람은 알겠지만, 혼자서 운동할 때보다 퍼포먼스가 훨씬 향상됩니다. 트레이너가 자신의 한계를 극복할 수 있도록 도와주기 때문이죠. 그러니 지혜롭고 인생 경험 많은 사람이 나의 고민을 들어주고, 문제를 해결하는 데 도움을 준다면 인생이 한결 나아지지 않을까요?

최근 유명한 철학자의 사유를 각색하여 이해하기 쉽게 설명하는 책이 독자들의 주목을 받고 있습니다. 이 책 역시 이러한 유행에 편승하는 것 같아 마음이 편하지만은 않습니다. 물론 더 복잡하고 더 빠르게 변화하는 현대사회에서 누군가의 도움이 절실하게 필요한 것은 사실입니다. 그렇기에 역사적으로 현명하다고 평가되는 사상가들의 생각에 관심을 갖게 되는 건 어쩌면 당연한 일이지요. 이런 의미에서 니체의 철학이 오늘날 우리에게 시사하는 바는 상당합니다. 물론 이 책은 니체의 사상을 본격적으로 다룬다기보다, 그의 사상을 살짝 맛보는 입문서라고 할 수 있습니다. '부먹'보다는 '찍먹'에 가깝다고나 할까요. 나는 철학 전공자도 아니고, 니체 전공자는 더더욱 아닙니다. 그저 철학과 뗄 수 없는 교육학을 공부하다가 우연히 니체의 사상에 매료되었습니다. 내가 얻은 작은 지식을 여러분과 함께 나누고픈 마음에서 이 책을 쓰게 되었습니다. 니체가 남긴 주요한 개념에 비추어 자신을 돌아볼 수 있다면 더할 나위 없이 좋은 일입니다. 삶이라는 긴 여행에서 자신의 길을 찾는 누군가에게 이 책이 조금이나마 보탬이 된다면 더 이상 바랄 게 없습니다.

인식의 지평선을 넘어

하늘과 땅이 맞닿은 지점을 지평선이라고 합니다. 지평선은 인간이 볼 수 있는 영역과 볼 수 없는 영역을 구분하는 시야의 경계선입니다. 그래서 우리가 세상을 바라볼 수 있는 인식의 범위를 '인식 지평'이라고 부릅니다. 인식 지평은 인생을 살아오며 축적된 세상을 보는 안목입니다. 색깔과 모양은 저마다 다르지만 우리는 모두 각자 자신만의 인식 지평을 갖고 있습니다. 오늘날 우리는 책이나 유튜브, SNS를 통해 좋은 글, 맛있는 음식, 아름다운 풍경, 잘생기고 예쁜 사람들의 모습과 같은 다양한 콘텐츠를 볼 수 있는 세상을 살고 있습니다. 이런 콘텐츠는 이것을 만든 사람들의 인식 지평의 산물이라고 할 수 있습니다. 그렇지만 복잡하고 빠르게 변하는 오늘날에는 한 사람의 주관적 생각만으로 건강한 삶을 살아가기에는 분명한 한계가 있습니다. 그래서 자신과 타인의 주관적 생각이 만나 서로의 생각을 더욱 풍요롭게 만들어가야 하는 것이죠. 각자의 인식 지평이 만나 더 커다란 인식 지평으로 확대되기 위해서는 '지평 융합'의 과정을 거쳐야 합니다.

이 책에는 니체의 용어를 포함하여 생소한 단어가 종종 등장할 예정입니다. 아모르 파티, 힘에의 의지, 초인, 디오니소스, 니힐리즘 등 일상에서는 잘 쓰지 않는 단어일 겁니다. 이런 생소한 단어들을 모순 없이 엮어내려는 행위가 바로 책 읽기입니다. 만일 여러분이 이 같은 행위를 통해 무언가 알게 되었다면, 그 앎은 여러분 마음속에서 어떻게 구성되는 걸까요? 앞선 사람들의 사유를 빌려와 말해보자면, 앎을 구성하는 행위는 외부에서 마주친 사건이나 지식을 마음속에서 문장으로 엮는 과정입니다. 기존의 개념과 새로운 개념을 연결하여 자신의 이야기로 바꾸는 과정이죠. 그러니 독자가 책 읽기를 통해 자신의 이야기를 만들었다면, 저자의 이야기가 독자의 이야기로 전환되었다고 말할 수 있습니다. 니체의 이야기가 나의 이야기로, 나의 이야기가 이 책을 읽는 여러분의 이야기로 전환되어 우리 모두의 지평 융합이 이루어집니다. 그래서 나는 이 책을 읽는 여러분을 만나 행복합니다.

과거는 언제나 우리 곁에 있다.

우리는 과거가 아주 먼 곳에 있다고 여깁니다. 게다가 요즘처럼 새로운 지식이 폭발적으로 쏟아져 나오는 시대를 살다 보면 수십에서 수백 년 전, 심지어 수천 년 전 낡은 지식을 배우는 일의 가치를 의심하게 될 수밖에 없습니다. 과거가 멀리 떨어져 있다고 생각하는 이유는 현재와 과거 사이의 시간적 거리를 메우는 우리의 기억력이 짧기 때문입니다. 인간의 인생은 길어야 100년이고, 오직 살아 숨 쉬는 동안만 기억할 수 있으니까요. 그렇지만 우리는 이것을 알아야 합니다. 과거는 기억의 대상이기도 하지만, 이해의 대상이기도 하다는 것을요. 예를 들어 임진왜란이 일어났던 1592년, 우리는 그때 존재하지 않았으니 당시 상황을 세세하게 기억할 수는 없습니다. 하지만 임진왜란이 일어났다는 역사적 사실은 누구나 알고 있습니다. 이처럼 기억이 아닌 이해의 대상으로 과거를 바라본다면, 과거는 현재와 그다지 멀지 않습니다. 아니 언제나 곁에 있습니다. 철학도 마찬가지입니다. 니체의 철학이 오래된 과거의 사고라고 해서 그것이 현실과 괴리된 케케묵은 지식은 아닙니다. 지난날을 돌아보고 다가올 내일을 펼쳐가는 일은 피할 수 없는 우리의 운명입니다. 그렇다면, 니체의 철학에서 어쩌면 미래 가능성을 엿볼 수 있지 않을까요?

니체는 왜 망치를 들었을까?

프리드리히 니체Friedrich Wilhelm Nietzsche(1844-1900)는 무려 '망치의 철학자'로 불립니다. 니체가 자신이 살던 시대의 모든 가치를 거짓된 망상으로 간주하고 그것을 깨부수고자 했기에 생긴 별명입니다. 그는 특히 플라톤 이후로 정형화된 서양 형이상학의 틀, 즉 관념론이야말로 인간의 언어와 개념을 한계(표상)에 묶어 놓는 주범이라고 생각했습니다. 니체가 보기에 딱딱하게 굳어버린 서양 정신세계를 대표하는 것은 바로 '신'입니다. "신은 죽었다!"라는 니체의 도발적인 발언은 이러한 맥락에서 나왔죠. 니체는 사람들이 신이라는 초월적 존재에 잠식되어 오로지 신만이 옳고 참되다는 생각에 빠져 나머지 모든 것, 즉 현실을 허무한 것으로 간주한다고 보았습니다. 이러한 허무가 삶을 더 고통스럽게 만든다고 생각했죠. 그렇기에 니체는 더 나은 삶을 위해 중심을 허물고자 한 것입니다.

오늘날 우리가 살아가는 자본주의 시대를 대표하는 가치는 무엇일까요? 저마다 중요하게 여기는 것은 다르겠지만, 대체로 돈이나 권력일 것입니다. 만약 니체가 지금의 시대를 본다면 어떻게 평가할까요? 옛사람들이 신을 섬겼듯, 돈과 권력을 드러내놓고 찬양하는 우리에게 니체는 분명 이렇게 말할 것입니다. "당신들의 신(돈과 권력) 역시 죽었다!" 이렇듯 니체는 고정된 실체를 파괴하고 그것을 극복함으로써 더 나은 삶으로 나아가야 한다고 말합니다.

니체의 아주 커다란 냉장고

니체는 여러 가지로 오해를 많이 받는 사상가이기도 합니다. 왜 그럴까요? 그 이유는 니체의 철학에 매우 다양한 내용이 포함되어 있기 때문입니다.

니체의 철학은 하나의 커다란 냉장고라고 할 수 있습니다. 이 냉장고는 와인을 마시고 싶은 사람에게는 와인 냉장고가 되고, 맥주를 마시고 싶은 사람에게는 맥주 냉장고가 됩니다. 소주를 마시고 싶은 사람에게는 소주 냉장고가 되고요. 즉 니체의 냉장고에는 너무나 다양한 주종酒種이 존재합니다. 염세주의, 무신론, 무정부주의, 나치즘, 파시즘과 같은 극단적인 사상이 너도나도 니체를 자기편으로 끌어들이려 하는 맥락이 여기에 있죠. 니체가 오해를 받는 또 다른 이유는 자신의 주장을 강조하기 위해 사용한 표현이 너무 과격해서 독자에게 거부감을 주기 때문입니다. 앞서 언급한 "신은 죽었다"는 말도 그렇습니다. 진위를 떠나 어떤 종교인이 이 말을 듣고 좋아할 수 있겠습니까? 한편 니체가 여러 의미로 해석될 수 있는 알쏭달쏭한 말을 많이 사용하는 점도 사람들의 오해를 부르곤 하는데요. "모든 것은 해석이고 모든 것이 허용된다"는 니체의 말은 니체 자신의 철학에도 그대로 적용됩니다. 그가 활용한 은유나 역설은 이를 접하는 사람마다 다양한 의미로 해석할 수 있습니다. 자신의 사상을 절대화하거나 독단에 빠지는 것을 강하게 경계한 만큼, 니체는 오히려 수많은 페르소나를 가질 수밖에 없는 운명인지도 모릅니다.

디오니소스 VS 아폴론

니체는 평생 고통과 아픔의 그림자에서 벗어나지 못했습니다. 그러나 그는 자신에게 주어진 험난한 운명에 절대 굴복하지 않았습니다. 자신의 운명을 긍정하고 사랑함으로써 고대 희랍(그리스)의 정신적 가치를 회복하고자 했죠. 여기서 고대 희랍의 정신이란 무엇일까요? 니체는 이를 '디오니소스적 정신'이라 말합니다. 디오니소스적인 것은 니체 사유의 토대이자, 그의 철학 전체를 대변하는 개념입니다. 그런데 니체는 왜 수많은 희랍의 신 중 하필이면 술과 축제의 신인 디오니소스를 선택했을까요? 아마 디오니소스가 현실을 가장 잘 대변하는 신이기 때문일 겁니다. 니체는 디오니소스를 태양신 아폴론과 대비하여 말합니다. 태양은 흔히 현실에서 도달할 수 없는 지향이나 이상향으로 인식합니다. 말하자면 아폴론적인 것은 이상이나 초월을 대표하고, 디오니소스적인 것은 현실이나 실제를 대표하는 것입니다. 니체는 신이나 이데아같이 눈에 보이지 않는 초월적인 대상이 현실에서 실제로 마주치는 눈에 보이는 대상보다 우위를 점하고 있던 당대 흐름에 반기를 들었습니다. 초월적인 것에 억눌리고 소외된 현실적인 것의 위상을 복원하기 위해 '디오니소스적인 정신'을 주장하죠.

우리 삶은 대개 고통과 슬픔의 연속입니다. 그렇다고 해서 현실에서 고개를 돌리고 신이나 운명 따위의 초월적 존재에게 내가 당면한 문제를 떠넘겨 버리면 어떻게 될까요? 일시적인 안정감을 얻을 수 있겠으나, 이것이 영구적인 해결책이 될 순 없겠지요. 반면 디오니소스의 정신은 현실을 긍정하는 삶의 태도입니다. 새로운 창조를 위해 피할 수 없는 파괴의 고통을 기쁘게 받아들이는 것입니다. 그리고 경쟁에서 패배하여 받는 고통과 비난을 기꺼이 감수할 수 있도록 자신을 강화하는 정신입니다. 자신보다 강하고 우월한 자를 찾아 그들과 투쟁하여 자신을 비롯해 상대방까지도 좋은 방향으로 이끄는 정신입니다.

니체 읽기의 의미

우리 인생은 어쩌면 끝없는 문제 해결의 반복입니다. 나에게 던져진 문제를 하나하나 해결해 나가는 치열한 과정은 누군가 정해 놓은 정답을 찾아내기 위함이 아닙니다. 누구나 만족할 수 있는 합의된 답을 구하기 위함도 아닙니다. 그저 언제나 자기 자신을 극복하는 과정일 뿐이지요. 끊임없이 어제보다 나은 답을 찾아가는 과정입니다. 이런 과정을 통해 문제와 대상에 대한 자신의 내적 기준이나 품질 표준이 점차 향상되어 갑니다. 이 같은 삶을 살아가는 사람더러 니체는 초인(위버멘쉬)이라고 말합니다. 니체가 말하는 초인은 기독교 하나님과 같은 외재적 초월자가 아닙니다. 니체의 초인은 자기 자신을 극복하는 과정에서 조금씩 발전되어 가는 과정적 실재입니다. 오히려 "누구나 부처가 될 수 있다"라고 말하는 불교 철학을 떠올리게 하죠. 내 몸과 마음의 바깥에, 저 멀리 아득한 하늘 위에 어떤 불가사의한 존재가 있다고 가정해 봅시다. 그가 광활한 우주에서 지구라는 별, 그중에서도 대한민국이라는 나라의 어느 작은 방 한편에서 안간힘을 쓰고 있는 내게 무엇을 해줄 수 있을까요? 니체는 이렇게 말합니다. 만약 신이 있다면, 오직 우리 안에 존재할 뿐이라고. 우리는 인간이기에 결코 신이 될 수 없지만, 하루하루 신이 되고자 노력하는 가운데 비로소 신에게 조금씩 가까워질 수 있습니다. 그래서 신은 죽었고, 우리에게는 초인이 될 수 있다는 가능성이 남아있습니다.

인간은 항상 결핍을 느끼며 살아갈 수밖에 없습니다. 끝없는 결핍에서 벗어나는 유일한 가능성은 죽음뿐입니다. 우리는 죽는 순간까지 욕망의 충족을 바라며 악착같이 살아갑니다. 이러한 인생에 대해 니체는 다음과 같이 말합니다.

"인생의 목적은 끊임없이 앞으로 나가는 데에 있다.
먼 곳으로 항해하는 배가 풍랑과 파도를
만나지 않고 조용히 갈 수만은 없다.
풍랑과 파도는 언제나 앞으로 나가는 자의 벗이며,
고난 속에 인생의 기쁨이 있다.
풍랑과 파도가 없다면 항해가 얼마나 단조로운가?
고난이 심할수록 내 가슴은 뛴다.
그래서 나는 내 인생이라는 이 가혹한 여정 속에서
내 운명을 사랑하면서 고난과 고통을 이겨내 볼 작정이다."

그가 남긴 이 말에, 나는 니체라는 사상가를 좀 더 알아보기로 결심했던 것입니다. 자, 이렇게 니체 읽기의 의미를 여러분께 말씀드렸습니다. 이제부터는 본격적으로 니체의 이야기를 경청할 시간입니다. 모두 준비되셨나요?

"What does not kill me
makes me stronger."

나를 죽이지 못하는 것은 나를 더욱 강하게 만든다.

Friedrich Nietzsche

Part 1

고통의 진흙탕에서 벗어나려면

첫 번째 자기 욕망을 추구하라

두 번째 자신을 사랑하라

세 번째 고통을 망각하라

네 번째 주어진 것을 선용하라

첫 번째

자기 욕망을 추구하라

우리가 고통스러운 이유는 무엇일까?

만일 내 삶이 한 편의 영화라면, 고통의 장면은 빨리 감기로 넘겨버리고 싶습니다. 살다 보면 우리는 고통스러운 순간을 숱하게 맞닥뜨립니다. 그래서일까요? 불교에서는 삶이 고통이라고 하며, 쇼펜하우어도 비슷한 말을 합니다. 삶은 고통이다. 이 말을 곱씹어 봅니다. 삶은 '왜' 고통인 걸까요?

우리는 흔히 몸이 아프거나, 배가 고플 때, 보고 싶은 사람을 못 만나거나, 하고픈 일을 하지 못할 때 사는 게 고통스럽다고 말합니다. 원하는 대로 되지 않으면 고통스러워지는 거죠. 그런데 뒤집어 생각해 보면, 세상이란 원래 내 뜻대로 되는 것이 아니기에 원하는 대로 되지 않는다고 슬퍼해 봤자 아무 소용이 없습니다.

"어쩌면 세상이 내 뜻대로 되지 않아
고통스러운 게 아니라,
세상이 내 뜻대로 되어야 한다고 생각해서
고통이 생기는 거 아닐까?"

니체의 삶도 고통의 연속이었습니다. 그는 사랑하는 여인 루 살로메와 결혼하는 데 실패했고, 병든 몸에 매일 찾아오는 격렬한 통증 탓에 젊은 나이에 얻은 교수직도 얼마 지나지 않아 그만두어야 했습니다. 게다가 스스로 '인류에게 이제까지 주어진 그 어떤 선물보다도 큰 선물'이라고 표현할 정도로 엄청난 자부심으로 쓴 대표작 〈차라투스트라는 이렇게 말했다〉는 1~3부가 잘 팔리지 않아 4부는 자비로 출판할 수밖에 없었죠. 니체의 일생을 보면 알 수 있듯, 불행은 늘 예기치 않게 우리를 찾아옵니다. 그럴 때 느끼는 고통의 감정은 마치 질척거리는 늪에 빠진 듯이 거부하면 할수록 더 깊게 빠져듭니다. 우리는 고통에서 벗어나려는 몸부림이 아무 소용이 없다는 사실을 금방 깨닫게 됩니다. 고통을 떨쳐낼 수 없다는 사실을 확인하고 다시금 좌절하게 될 뿐이죠. 그렇다고 "삶이 항상 고통스럽기만 한가?" 묻는다면 그건 또 아닙니다. 좋은 직장에 취직하면 기쁘고, 사랑하는 사람을 만나면 행복하잖아요. 하지만 이런 행복 역시 시간이 지나면서 점점 고통으로 바뀌기도 합니다. 좋은 직장에 들어가서 기쁘지만, 그 다음에는 승진이나 연봉 상승을 위해 치열한 경쟁을 벌여야만 합니다. 열심히 일해서 돈을 많이 벌더라도 더 많이 벌고 싶은 마음에 또 다른 재테크 계획을 세워야 하죠. 힘들게 얻은 사랑도 마찬가지입니다. 어느 순간부터 상대방에 대한 감정은 무뎌지고, 함께 있더라도 더 이상 행복한 마음이 들지 않습니다. 분명 처음은 기쁨과 즐거움으로 출발했건만, 차츰 슬픔과 고통으로 귀결되는 상황이 우리 삶을 수놓고 있습니다.

╬ ○ ✕
고통의 또 다른 이름, 열정

　기독교에서는 예수가 겪는 고통과 수난을 영어로 passion이라고 말합니다. 그런데 우리가 일상에서 자주 사용하는 열정이라는 말 역시 passion이라는 것을 혹시 알고 있나요? 두 가지 개념이 똑같이 passion인 이유는 아마도 무엇인가에 열정적인 노력을 쏟는다는 것, 그 자체가 고통스럽기 때문일 것입니다. 편안과 안정을 추구하는 것이 인간의 본성이라면, 이를 거부하고 더 나은 상태로 바꾸려고 애쓰는 일은 고통스러울 수밖에 없으니까요. 그러니 당신이 오늘 하루 무언가로 인해 힘들고 고통스러웠다면, 이는 당신이 그 무언가에 열정을 다했다는 뜻입니다.

✦
고통은 항상 원인을 묻는다.
인간은 자신이 누군가 겪고 있는 고통의
원인이 되기를 희망한다.
- 즐거운 학문 中

그래서 삶의 고통을 극복하고자 한다면, 우리는 다음의 질문에 대한 답을 찾아야 합니다.

"고통은 어디에서 오는가?"
"고통을 극복하기 위해 어떻게 해야 하는가?"

사실 우리를 괴롭히는 것은 원하는 대로 되지 않는 현실입니다. 나는 왜 가진 것 하나 없이 태어났을까? 내가 좋아하는 사람은 왜 날 좋아하지 않을까? 나는 열심히 일했는데 왜 인정받지 못할까? 누구나 이런 생각을 한 번쯤 해봤을 겁니다. 원하는 바가 뜻대로 이뤄지지 않을 때, 삶은 고통스럽습니다. 인간이 욕망을 추구하면 반드시 원하는 것과 현실 사이에 간극이 생깁니다. 이 갈라진 틈에서 괴로움이 발생하죠. 우리가 '무언가를 갈망한다'는 것은 마음이라는 그릇이 어떤 대상을 향한 욕망으로 가득 찼다는 뜻입니다. 그래서 스피노자도, 홉스도, 프로이트도 모두 인간을 욕망하는 존재로 보았습니다.

✛ ○ ✕
욕망은 잘못이 없다.

    그렇다면 욕망이란 무엇일까요? 욕망은 크게 '생물학적 욕망'과 '정신적 욕망' 두 가지로 나눌 수 있습니다. 생물학적 욕망은 인간으로 사는 데 필요한 의식주 추구를 말합니다. 그리고 생물학적 욕망이 해결된 다음에 추구하는 욕망이 정신적 욕망입니다. 정신적 욕망은 자아실현이나 너그럽고 풍요로운 마음과 같은 나다움을 추구하는 욕망입니다. 두 가지 욕망 모두 우리가 현실을 살아가는 데에 필수적인 욕망입니다. 재산이 많고, 지위가 높으며, 세상에 이름을 알려 빛나고자 하는 부귀영화도 결국 생물학적 욕망과 정신적 욕망에서 파생된 것에 불과합니다. 그런데 주의할 점이 있습니다. 잘못된 욕망을 추구하면 진정한 자신을 잃어버릴 수도 있습니다. 만일 의식주가 해결되지 않은 사람에게 나다움을 찾으라고 한다면 이는 맹목입니다. 끼니도 제대로 챙기지 못하는 사람에게 다른 욕망은 사치이기 때문이죠. 한편 나다움을 찾고자 하는 사람에게 더 많은 의식주를 추구하라고 한다면 공허해집니다. 공부밖에 모르는 사람에게 돈을 따라가라고 말해봤자 허사이고요. 아, 물론 욕망 자체가 나쁘다는 건 아닙니다. 욕망은 삶을 파탄 내고 고통에 빠지게 만들기도 하지만, 반대로 우리 삶의 동력이 되기도 합니다. 문제는 욕망 그 자체에 있는 것이 아니라 잘못된 욕망을 추구하는 우리에게 있습니다.

÷ ○ ✕

욕망은 사막의 신기루와 같다.

때때로 사막의 신기루는 목마른 여행자에게 오아시스를 보여줍니다. 신기루는 대기의 빛이 굴절하여 아무것도 없는 공중이나 땅 위에 무언가 있는 것처럼 보이는 현상입니다. 가까이 다가갈수록 오아시스는 저만치 물러나 다시 우리에게 손짓합니다. 아지랑이처럼 손에 잡힐 듯 잡히지 않는 신기루의 허망함. 신기루는 인간의 욕망과 닮았습니다. 인생은 어쩌면 신기루 같은 오아시스를 향해 끊임없이 지친 발걸음을 옮기는 여정일지도 모릅니다. 오아시스를 잡으려 손을 뻗어 봅니다. 잡았다고 생각한 순간 그것은 저 멀리 물러나고, 결국 허상을 잡은 셈이라 그 자리엔 욕망만 남습니다. 대상이 욕망을 완전히 충족시킬 수 없으므로 대상에 대한 욕망은 조금씩 커집니다. 그래서 인간은 끊임없이 새로운 대상을 향해 가고 또 갈 수밖에 없습니다. 우리가 더 많은 돈과 명예, 사랑, 배움을 추구하는 이유가 바로 여기에 있죠. 물론 인간은 욕망이 있기에 살아갈 수 있습니다. 만일 오아시스가 전혀 보이지 않는다면 끝없는 사막을 건너지 못할 테니까요. 마찬가지로 꿈이나 목적이 없다면, 이상이나 얻고자 하는 대상이 없다면 인간은 살지 못합니다. 욕망을 완전히 채울 수 있는 방법은 오직 하나, 죽음뿐입니다. 그래서 인간은 한도 끝도 없는 욕망으로 인해 항상 결핍을 느낍니다.

삶이 온통 욕망이기에,

욕망의 끝이 곧 삶의 끝이다.

욕망은 인간을 살아가게 하는 동력이지만,

어쩌면 영원한 허상이 아닐까?

이따금 욕망이 충족되는 순간에는 일시적으로 만족을 느끼기도 합니다. 하지만 욕망이 채워진 뒤 새롭게 채워야 할 무언가가 나타나지 않는다면, 그러니까 계속 똑같은 상태가 이어진다면 어떨까요? 좋은 자동차를 사고 싶은 마음에 안달복달하지만, 정작 갖고 나면 만족감은 몇 개월을 가지 못합니다. 누군가의 사랑을 간절하게 바라다가도 막상 사귀고 나면 얼마 가지 않아 권태에 빠지기도 하고요.

그렇기에 쇼펜하우어는 인간이 결핍과 욕망, 만족과 권태, 그리고 새로운 욕망 사이에서 시계추처럼 왔다 갔다 움직이다가 결국 죽음에 다다른다고 말했던 것입니다. 인간이란 자기 욕망을 채우기 위해 아득바득 살아가다, 어쩌다 한 번씩 그것이 충족될 때 느끼는 일시적 만족감에 속아 가끔 웃으며 살아가는 슬픈 존재입니다. 가족이라는 존재, 아이를 업고 산책할 수 있을 정도의 건강, 나와 가족을 부양할 수 있는 일자리 등 저마다 소중하게 여기는 대상은 다르겠지요. 하지만 때로는 바라는 것을 멈추는 용기가 필요합니다.

고통은 성장을 위한 힘이다.

   니체가 생각하는 삶은 쇼펜하우어가 말한 욕망의 시계추와 분명히 다릅니다. 니체에게 삶은 그저 욕망과 권태 사이를 끝없이 오가다가 서서히 죽어가는 그런 것이 아니라는 말이죠. 니체는 욕망 추구에서 오는 고통도 결국 삶의 일부이므로 이를 인정하고 긍정하며 극복해야 한다고 말합니다. 삶에서 마주치는 고통은 피해야 할 대상이 아니라 오히려 긍정의 대상입니다. 가령 살을 빼기 위해서는 먹고 싶은 음식을 참고 유산소 운동을 해야 하죠. 러닝머신을 달리는 일이 고통스럽다고 이를 피한다면, 절대 다이어트에 성공할 수 없습니다. 연애도, 취업도, 자기계발도 모두 마찬가지입니다. 고통이 두려워서 아무것도 하지 않는다면 그 어떤 것도 이루어낼 수 없습니다. 니체는 고통을 통해 자신의 정신을 성장시키고 이를 통해 새로운 힘을 얻는다고 말합니다. 삶이란 '힘에의 의지' 간의 끊임없는 투쟁과 경쟁이 만들어 내는 스펙트럼이며, 그 과정에서 발생하는 고통을 긍정해야 합니다. 이를 받아들이려면 우선 다음의 질문을 고려해야 합니다.

"나는 지금까지 살아왔기에
당연히 다가올 미래를 꿈꾼다.
그럼 과거와 미래를 연결하는 지금,
나는 무엇을 해야 하는 걸까?"

 욕망하는 바가 쉽게 이루어지지 않는다고 해서, 욕망을 채우는 데 고통이 따른다고 해서 아무것도 하지 않을 수는 없습니다. 나 역시 세상이 나의 가치를 알아봐 주지 않는다고 원망하며 지냈던 때가 있습니다. 하지만 언젠가는 나를 알아주는 세상이 오겠거니, 무작정 기다리기만 해서는 아무 일도 일어나지 않는다는 것을 뒤늦게 알게 되었습니다. 여러분이 진정으로 바라는 바는 무엇인가요? 이 물음에 대한 답을 찾기 위한 시작은 먼저 자기가 바라는 바를 명확하게 정의하는 것부터입니다. 그리고 이를 달성하기 위한 한 가지 분명한 방법은, 힘에의 의지에 따라 내가 '해야 하는 일'을 '할 수 있는 만큼' 하는 것입니다. 이것이 지금 당장 우리가 할 수 있는 유일한 일입니다.

> ✱
> 허락되지 않은 모든 것을 갈망하는 욕망이
> 나의 철학이다.
> 왜냐하면 허락되지 않은 모든 것들은
> 예외 없이 진리였기 때문이다.
> - 이 사람을 보라 中

힘에의 의지는
쇼펜하우어의 '이 말'에서 유래했다?

인간은 언제나 무언가를 소망하고 이를 달성하기 위해서 힘을 작용시킵니다. 니체는 우리가 원하는 바를 이루기 위해서 작동시키는 내면의 힘을 '힘에의 의지$_{\text{will to power}}$'라고 표현합니다. 그냥 욕망이라고 말하면 좀 더 알기 쉽지 않겠냐고요? 모두 알다시피 철학자들은 쉬운 말을 쓰면 큰일 나는 병에 걸려있죠. 니체는 '힘에의 의지'를 쇼펜하우어의 '삶에의 의지$_{\text{will to live}}$'에서 착안해 냈습니다.

니체는 삶에의 의지가 모순된 개념이라고 생각했습니다. 니체는 어떤 이유에서 쇼펜하우어의 말이 모순되었다고 여긴 걸까요? 무엇을 먹고 싶다, 누군가를 만나고 싶다, 어떤 식으로 살고 싶다. 이처럼 의지는 목적성이 있는 행위입니다. 이때 의지가 지향하고 있는 것, 즉 먹고 싶은 '무엇'이나 만나고 싶은 '누구', 살고 싶은 '모습'은 우리가 미처 갖지 못한 것입니다. 다시 말해 아직 우리에게 주어지지 않은 것들이죠. 반대로 어떤 것을 내가 이미 갖고 있다면 더 이상 원할 필요가 없을 겁니다. 이러한 맥락에서 보면 '삶에의 의지'라는 말은 '삶을 원한다'는 뜻이 됩니다. 그런데 삶을 원한다고 말하려면 삶을 갖고 있지 않아야 하잖아요? 하지만 살아있는 존재는 이미 살아있기 때문에 더 이상 살아있음을 원할 필요가 없습니다. 따라서 삶에의 의지는 존재하지 않습니다. 니체는 이런 까닭으로 삶에의 의지가 모순된다고 말합니다. 만약 쇼펜하우어의 주장처럼 삶과 의지가 연계되어야 한다면, 그 삶은 단순히 자기 보존을 넘어 자기 삶을 더 강화할 수 있게 만드는 무엇인가를 원해야 합니다. 그것을 가능하게 하는 것이 바로 힘power입니다. 힘은 의지와 만나 무언가를 가능하게 만드는 삶의 가능성이 됩니다. 그러니 니체가 이렇게 단언한 거겠죠. "삶에의 의지? 거기서 나는 늘 힘에의 의지만 발견한다."

✢ ○ ✕
힘에의 의지에겐 언제나 라이벌이 있다.

　힘에의 의지 작용에는 반드시 서로 대립하는 한 쌍의 의지가 존재합니다. 불어난 뱃살을 빼기 위해 저녁 8시 이후에는 단식하기로 마음먹었다고 합시다. 그런데 친구가 갓 튀긴 치킨과 시원한 맥주를 사서 갑자기 집으로 찾아온 거죠. 이때 두 가지 의지가 서로 갈등하게 됩니다. 단식을 결심한 의지와 친구와 치맥을 먹고 싶다고 생각하는 의지. 다이어트의 성공과 실패는 결국 힘에의 의지에 달려있습니다. 힘에의 의지는 더 많은 힘을 얻고 더욱 강해지고자 하는 본성이며, 항상 주인이 되고자 하는 본성입니다.

> �է
> 생명체를 발견할 때마다
> 나는 '힘에의 의지'도 함께 발견했다.
> 심지어 누군가를 모시고 있는 자의 의지에서조차
> 나는 주인이 되고자 하는 의지를 발견했다.
> - 차라투스트라는 이렇게 말했다 中

자기가 원하는 바를 이루기 위해 우리는 강한 존재가 되어야 합니다. 니체는 더 강한 존재가 되고 싶다면, 더 많은 것을 얻고 싶다면 끊임없이 투쟁하고 경쟁하라고 말합니다. 이 같은 노력이 있었기에 인류가 새로운 문화와 기술을 만들어 발전해 온 것이겠죠. 그런데 문제가 하나 있습니다. 투쟁과 경쟁에는 항상 승자와 패자가 존재한다는 점입니다. 승자는 주인이 되고, 패자는 노예가 됩니다. 이로 인해 인간과 인간 사이의 위계가 달라집니다. 여기서 니체가 말하는 위계는 사회적 세습으로 주어진 신분적 위계가 아닙니다. 자기 삶의 태도를 결정하는 가치적 위계를 말합니다. 삶의 주인으로 살 것인지, 아니면 노예로 살 것인지와 같은 태도를 뜻하죠. 만약 패배가 두려워서 투쟁과 경쟁을 회피한다면 힘에의 의지라는 자기 본성을 거스르는 일이며, 이는 노예로서 살아가는 것입니다. 그래서 니체는 자신의 힘에의 의지를 억제하는 절제나, 상대의 힘에의 의지를 모욕하는 관용을 '노예의 덕 Virtue'이라고 비판했습니다. 약자들이 자신의 비겁함이나 무력함을 감추고, 치부를 정의로 포장하기 위한 변명으로 절제나 관용을 사용하기 때문입니다. 반면 니체는 자신의 힘으로 승리를 얻어낸 오디세우스나 카이사르와 같은 강자의 용기를 고귀한 '주인의 덕'으로 찬양했습니다. 그런데 힘에의 의지가 이와 같다면 자연스레 이런 의문이 듭니다. 모든 사람이 자신의 힘에의 의지를 추구한다면 그 세상은 과연 행복할까요? 경쟁에서 패배하거나 소외되는 사람들은 어떻게 해야 할까요?

÷ ○ ✕

모두 자신의 욕망만 추구한다면

우리는 어릴 적부터 치열한 경쟁에 내던져집니다. 우리나라 학생들은 수능을 바라보며 필사적으로 경쟁하죠. 사회에 나가서도 자격증 취득이나 영어시험, 취업이나 승진 등 각종 경쟁에 노출되어 있고요. 경쟁에서 승리한 사람만이 성과를 독식하고 그렇지 못한 이들은 모두 잃게 됩니다. 자신을 위해서 타인을 소외시키려는 의지는 우리를 더욱 살벌한 생존경쟁으로 내몰곤 합니다. 그래서인지 오늘날에는 자신의 욕망을 추구하는 일을 적극적으로 장려하고 미덕으로 받아들입니다. 심지어 자기 욕망을 달성하기 위해 다른 사람의 욕망은 어느 정도 희생될 수밖에 없다고 생각하죠. 정말로 그럴까요?

끝없이 돈이 솟아나던 마이너스통장에 한도가 있듯이, 우리 욕망에도 한도는 있습니다. 욕망이 일정 수준을 넘어설 때 오히려 모든 사람의 욕망 추구가 제한되거든요. 공연장 입장을 위해 길게 늘어선 줄에서 누군가 새치기를 하고, 그 뒤로 너도나도 똑같이 행동한다면 어떻게 될까요? 결국 줄을 선 모든 사람이 늦게 들어가게 되겠죠. A 나라가 바다에 오염수를 방류했다고 해서, 인근의 B 나라도 오염수를 방류한다면요? 그 바다는 얼마 지나지 않아 생명이 살 수 없는 죽음의 바다가 되어 버릴 겁니다. 인간이 풍요롭게 살기 위한 생산 활동이나, 편리하게 사용하는 일회용품은 또 어떻습니까. 인간을 포함한 지구상 모든 생물의 생존을 위협하고 있는 현실입니다. 이렇게 개인 차원의 비도덕적 행위부터 국가 차원의 비윤리적 행위에 이르기까지, 이기배타利己排他적 행동은 인간의 잘못된 욕망 추구에서 비롯됩니다. 그러면 올바르게 욕망을 추구하는 방법은 정말로 없는 걸까요?

모순처럼 들리겠지만, 가장 이기적인 것이 가장 이타적입니다. 자기 이익을 추구하되, 다른 사람도 이롭게 하는 욕망을 추구하는 겁니다. 한쪽의 일방적 희생이 아니라 서로를 행복의 길로 나갈 수 있도록 하는 욕망 추구란 무엇일까요? 경영철학자 윤석철 교수는 〈삶의 정도〉라는 책에서 상생상성相生相成하는 삶의 바른길을 제시합니다. 바로 '너 살고, 나 살기'라는 말인데요. 내 능력이 타인에게 가치를 줄 수 있으며, 내가 가진 능력 이상의 것을 탐하지 않을 때 비로소 '너 살고, 나 살기'를 말할 수 있습니다. 이런 의미에서 내가 가진 힘에의 의지는 과연 어떤 형태인가 곰곰이 생각해 볼 필요가 있습니다.

÷ ○ ×

내 욕망이 내 것이 아니라고?

정신분석학자 라캉Jacques Lacan은 이렇게 말했습니다. "타인의 욕망을 욕망한다." 내가 원하고 있다고 믿었던 욕망이 실제로는 나의 욕망이 아니라, 다른 사람이 욕망하는 것을 은연중에 나의 욕망으로 착각한다는 뜻이죠. 언젠가 나는 좋은 차를 타고 싶어 안달이 났던 때가 있었습니다. 그런데 내가 왜 그 차를 갖고 싶은지 이유를 곰곰이 생각해 봤더니, 그건 나의 욕망이 아니었습니다. 다른 사람의 욕망에 맞추려다가 그것을 나의 욕망으로 착각한 것입니다. 나는 그때 비로소 알게 되었습니다. 진정한 자신의 욕망을 찾았을 때 행복해질 수 있다는 것을요. 그렇다면 내가 정말로 욕망하는 것은 무엇일까요? 나다운 욕망이란 대체 무엇이란 말인가요?

인스타그램이나 유튜브에 심취하면 자신도 모르게 남들과 나를 비교하게 됩니다. 어쩜 그렇게들 반짝반짝 빛나는지. 처음에는 그저 부러운 마음이었다가도, 어느 순간에 이르면 나 자신이 초라하게 느껴집니다. 스스로 작아진다고 느낄 수밖에 없죠. 누군가의 하루 중 가장 찬란한 순간을 나의 평범한 일상과 비교하는 셈이니까요. 한국사회는 남들과 비교를 통한 상대적 우위를 중요하게 여기는 경향이 있습니다. 여러분은 엄친아, 엄친딸이라는 말을 기억하고 있나요? 예전에는 부모님이나 주변 어른에 의해 어쩔 수 없이 강제로 비교를 당했죠. 이제는 자신이 어떤 대단한 업적을 이루었는지, 얼마나 예쁘고 몸매가 좋은지, 얼마나 비싸고 좋은 물건을 많이 가졌는지를 스스로 보여주지 않으면 남과의 경쟁에서 패배한다고 생각하게 되었습니다. 상대적 박탈감을 느끼는 것이죠. 많은 사람이 자신이 이룬 일과 소유물 등을 끊임없이 과시합니다. 그리고 자신의 추종자들followers이 주는 헛된 관심에서 근거도 없는 우월감을 느낍니다. 그래서일까요, 요즘 우리나라 사람들이 대체로 자존감이 낮다고 느낄 때가 많습니다. "강남 아파트에 사는 게 최고지.", "아이는 대치동에 있는 학원을 보내야 해.", "여름 휴가에 해외여행 정도는 다녀와야지." 이렇게 남이 정해 놓은 행복의 기준에 맞춰 끊임없이 자신을 비교한다면 자존감은 낮아질 수밖에 없습니다. 자신의 욕망이 아닌 타인의 욕망을 욕망한다면 이런 현상을 피할 수 없게 됩니다.

> ✴
> 선한 이들, 옳은 이들을 경계하라.
> 그들은 자신의 덕을 만들어 내는 자들을
> 십자가에 걸기를 즐기니
> 그들은 고독한 자를 미워한다.
> - 차라투스트라는 이렇게 말했다 中

✛ ○ ✕

욕망은 어쩌면 ○○가 만드는 것이다.

욕망에는 개인적 욕망뿐만 아니라, 다수가 갈망하는 '사회적 욕망'도 있습니다. 사회적 욕망은 개인적 욕망과 다릅니다. 갑자기 새로운 욕망 하나가 불쑥 튀어나와서 사회 전반적으로 널리 퍼지거나 하지는 않죠. 사회적 욕망은 오랜 기간에 걸쳐 개인의 수많은 욕망이 누적되고 변이되며 생겨납니다. 그래서 사회적 욕망을 '욕망의 역사'라고 부르기도 합니다. 자신만의 진정한 욕망을 찾기 위해서는 먼저 사회적 욕망에 대한 면밀한 검토가 필요합니다. 사회적 욕망에는 세 가지 종류가 있습니다.

패드(Fad)

불현듯 나타났다가 일순 흔적도 없이 사라지는 인기몰이 현상을 패드라고 합니다. 연예인이나 인플루언서가 유행시킨 챌린지, 영화나 드라마에서 나온 밈$_{meme}$이나 패러디, 유행어, 포털사이트 인기 검색어, 상업적 목적으로 제작된 흥미로운 광고 등이 있습니다. 순식간에 부풀어 올라 폭발하는 풍선처럼, 대중의 공허한 마음이 어딘가 발산할 곳을 찾다가 반짝 관심을 끌고 없어지는 특수한 사회현상입니다. 패드는 오늘날처럼 안정적인 정신문화가 뒷받침되지 않는 물질적 풍요의 시대에 자주 발생하는 파편화된 욕망 표현입니다.

패션(Fashion)

패션은 패드보다는 길지만 한때의 유행으로 끝나는 사회현상입니다. 패션은 개인의 욕망이 협소한 합의를 통해 한정된 공감대를 형성할 때 나타나는 행동 양식인데요. 패드처럼 순간적 욕망을 무한정 분출하는 것이 아니라, 일정 수준의 절제를 거치면서 발현됩니다. 다만 유효기간이 계절이나 연 단위를 넘기지 못하는 부분적인 욕망 표현입니다. 의류 브랜드에서 매 시즌 제시하는 복식 스타일(그래서 옷이나 의류를 패션이라고 하죠)이나 연예인의 헤어 스타일이 대표적인 예시입니다. 4차 산업혁명, 메타버스 같은 공허한 단어도 패션에 해당합니다.

트렌드(Trend)

대다수 사람이 '어떤 시대'가 왔음을 직감하는 사회현상이 트렌드입니다. 오늘날 사회를 핵가족 시대, 디지털 전환 시대라고 부르잖아요? 이렇게 기존 트렌드의 한계를 극복하고 대안으로 등장한 트렌드는 패드와 패션과 달리 어느 정도 장기 지속적이고 안정적인 현상입니다. 트렌드는 욕망이 일정 시간 응축되고 나름의 숙성 기간을 거쳐 드러납니다. 부분적으로 시대 정신을 반영한다는 점에서, 트렌드는 어느 정도 결집이 된 사회적 욕망의 표현이라 할 수 있습니다.

"욕망의 역사는 사람들이 만든 것이기도 하지만,
사회나 문화, 기업이 만들어 낸 것이기도 하다."

✢ ○ ✕

낙타처럼 살지 말고 사자처럼 살아라!

과거에 명품은 돈 많은 사람의 전유물이었지만, 요즘은 2030세대도 명품 하나 없는 사람이 드물 정도로 널리 퍼져 있습니다. 이런 풍조의 원인은 무엇일까요? 명품을 소비하고자 하는 욕망은 한 개인의 소비 습관habit으로만 볼 수는 없습니다. 이것은 오히려 개인의 무의식에 깃든 사회적 습관habitus의 문제입니다. 쉽게 말해 남들이 좋다고 하니까 좋은 줄 아는 겁니다. 남들이 산다고 하니까 따라 사는 거죠. 비단 명품뿐만이 아닙니다. 신형 아이폰이 출시되면 멀쩡한 핸드폰을 두고 또 사고 싶잖아요. 인기 있는 예능 프로나 드라마에 관심을 두지 않으면 남들보다 뒤처진다고 느끼기도 하고요. 패션도 마찬가지입니다. '무신사 냄새'라는 인터넷 밈처럼, 길에는 온통 서로 비슷한 차림새clone look 일색이죠. 이쯤 되니 순수한 개인의 습관(욕망)이란 정말 관념적 허구에 불과한 것일지도 모른다는 생각이 들기도 합니다. 그러니 우리는 욕망이 생길 때마다 이것이 진정으로 나의 욕망이 맞는지 따져 물어볼 수밖에 없습니다.

니체는 순종과 복종을 강요하는 사회와 문화 이면에 숨어있는 치밀하고 무자비한 억압과 폭력을 직시하라고 말합니다. 현상의 이면에 숨은 문제를 파악했다면, 비겁하게 숨거나 도망가기보다는 사자처럼 용기 있게 맞서야 한다고 말하죠. 저항하지 않고 마치 낙타처럼 굴욕적인 자세로 살아간다면 그것이 바로 노예의 삶입니다. 은밀하게 자행되는 부당한 권력이나 사회문화적 관습의 영향 속에서, 자신의 인생을 올바르게 살아가고자 한다면 어떻게 해야 할까요? 현실에 안주하거나 굴복하지 말고 힘에의 의지에 따라 끊임없이 자신을 발전시켜 나가야 합니다. 니체는 그런 인간만이 새로운 문화와 가치를 만들어 낼 수 있으며, 인류를 한 단계 도약하게 만든다고 믿었습니다.

두 번째

자신을 사랑하라

÷ ○ ✕

당신은 이 세상에 반드시 필요한 존재다.

인간에겐 수많은 의지가 있습니다.

맛있는 음식을 먹고 싶다.
예쁜 옷을 사고 싶다.
이름 있는 대학에 가고 싶다.
돈을 많이 버는 직업을 갖고 싶다.
좋은 상대와 연애하고 싶다.
부자가 되고 싶다.
아름답게 늙고 싶다.

…

니체는 무엇인가를 추구하려는 내면의 의지를 '힘에의 의지'라고 했습니다. 그런데 내 마음속에 힘에의 의지가 딱 하나만 존재하는 건 아닙니다. 매 순간 다른 의지가 새로이 생겨나기 때문입니다. 사실 이건 누구나 마찬가지죠. 나아가 온 세상 만물에는 각자 의지가 있습니다. 걸음마를 떼지 않은 아이에게도, 비좁은 아쿠아리움에서 살아가는 벨루가에게도, 도시의 매연을 마시면서도 선연한 노란 잎을 뽐내는 은행나무에게도 의지가 있습니다. 세상에 있는 무수한 의지는 서로 무관하거나 독립적인 것이 아니라, 서로 얽히고 엮여 어떤 관계를 맺고 있습니다. 이렇게 힘에의 의지가 작동하는 세계가 바로 '힘의 세계'입니다. 세계는 수많은 관계로 이루어져 있으며, 그래서 힘의 세계는 곧 '관계의 세계'이기도 합니다.

니체는 세상에 존재하는 모든 힘에의 의지가 동등하게 중요하다고 말합니다. 생각해 보면 중심이란 건 어디에나 있기 마련이지요. 여러분은 여러분 인생의 중심일 테고, 나의 인생에서는 내가 중심입니다. 니체는 그의 저서 〈이 사람을 보라〉에서 존재에 대해 다음과 같이 언급했습니다. "존재하는 것에서 빼버릴 것은 아무것도 없으며, 없어도 좋은 것이란 없다." 모든 존재에 대한 긍정을 의미하는 말이죠. 세상의 모든 존재가 갖는 의미와 필연성을 뒷받침하는 말이기도 합니다. 니체의 말처럼 세상 모든 존재는 그 나름대로 중요하고 의미가 있습니다. 없어도 되는 것은 아무것도 없습니다. 심지어는 강아지똥까지도요.

아무리 그래도 강아지똥이나 아무렇게나 버려진 쓰레기 같은 건 존재하는 의미가 딱히 없지 않겠냐고요? 만일 그렇게 생각한다면 권정생의 〈강아지똥〉을 읽어보라고 권하고 싶습니다. 더럽고 하찮아서 모두의 외면을 받는 강아지똥의 이야기를 담은 그림책입니다. 자신이 쓸모없는 존재라고 생각해 슬퍼하던 강아지똥은 어느 날 봄비에 파란 싹을 틔운 민들레를 만납니다. 그리고 민들레로부터 꽃을 피우기 위해선 거름이 있어야 한다는 말을 듣죠. 강아지똥은 기꺼이 자신의 몸을 쪼개어 민들레 뿌리로 스며듭니다. 강아지똥의 희생으로 민들레는 어여쁜 꽃봉오리를 피워 올리게 됩니다.

여러분, 아무도 거들떠보지 않는 강아지똥도 민들레에게는 정말 소중한 존재입니다. 그러니 당신이라는 존재도 마찬가지입니다. 당신은 이 세상에 있어도 그만이고 없어도 그만인 그런 존재가 아닙니다. 자기 자신을 위해, 우리 모두를 위해, 그리고 이 세상을 위해서 당신은 반드시 있어야만 하는 존재입니다.

÷ ○ ×

인연에는 불씨가 필요하다.

우리는 살아가며 아주 많은 이들과 만났다가 헤어짐을 반복합니다. 영원한 만남은 없지만, 영원한 이별도 없습니다. 살아 있다면 언젠가 다시 만날 수 있을 것입니다. 다시 만났을 때 어색하지 않도록 떠날 때는 서로 가볍게 인사해 봅니다. 바로 이렇게 말이죠.

**여행을 계속하는 이상 다시 만날 일도 있을 거야.
눈물 어린 이별 같은 건 우리한텐 어울리지 않아.
왜냐면 다시 만났을 때 쑥스러우니까.**

- 애니메이션 <장송의 프리렌> 中

나는 내가 만난 사람들을 통해 이루어집니다. 내 안에 그들이 있는 것처럼, 내가 만난 사람들 안에도 내가 있습니다. 인연의 수레바퀴가 빙글빙글 시간을 따라 굴러가면서 내 삶의 방향과 무늬가 정해집니다. 누구를 어떻게 만날 것인가? 어떤 마음으로 연결되고, 또 끊어질 것인가? 나의 선택이 모여 내 인생의 이야기가 됩니다.

> ✦
> 그대는 노예인가?
> 노예라면 그대는 친구가 될 수 없다.
> 그대는 전제자인가?
> 전제자라면 그대는 친구를 가질 수 없다.
> - 차라투스트라는 이렇게 말했다 中

불교 철학에서는 사람들 사이에 맺어지는 관계를 인연因緣이라고 합니다. 인연이란 모든 현상은 '내적 원인'과 '외적 계기'가 동시에 작용하여 발생한다는 말입니다. 다른 말로는 내인內因과 외연外緣이라고도 하지요. 이때 내적 원인은 우리 안에 원래부터 있는 선험적인 능력인 마음을 말하며, 외적 계기는 현실에서 마주치는 다양한 사건을 말합니다. 흔히 원인이라는 단어는 '원인과 결과'처럼 결과라는 단어와 짝을 이루어 사용하곤 하잖아요? 당연한 말이지만 원인이 있어야 결과가 발생합니다. 그렇지만 원인이 결과가 되는 과정에서 이를 촉발하는 모종의 사건이 필요합니다. 이것이 바로 '계기'입니다.

나무에 불이 붙어있는 모습을 상상해 보겠습니다. 불의 원인은 나무 안에 있는 불이 잘 붙는 성질입니다. 그리고 불의 계기는 성냥을 긋거나 라이터를 켰다는 외적 사실입니다. 나무에 불이 붙었다는 결과는 불이 잘 붙는다는 나무의 성질(원인)과 누군가 불을 붙였다는 조건(계기)이 동시에 작용했기 때문입니다. 사랑을 예로 들어볼까요? 여러분이 누군가를 사랑한다면, 사랑의 원인은 여러분 마음속에 있습니다. 그리고 동시에 상대방의 생김새나 조건과 같은 외적 사실이 계기로 작동한 것입니다. 물론 사랑이라는 관계 맺음은 혼자서 하는 일은 아닙니다. 상대의 마음에도 여러분과 똑같은 현상이 일어나야 비로소 사랑을 논할 수 있습니다. 그러니 인연이란 무수한 가능성과 우연 속에서 서로를 발견하는 기적의 또 다른 이름인지도 모릅니다. 불교에서는 평생을 함께 살 수 있는 부부의 인연을 '7000겁劫의 인연'이라고 한다지요. 아득하게 길고 긴 무한의 시간을 일컫는 '겁'이라는 말을, 어째서 사람과 사람이 맺어지는 관계인 인연에 적용하는지 조금은 알 것 같습니다.

+ ○ ×

어린 왕자의 장미가 특별한 이유

그렇다면 다른 사람과 어떻게 관계를 맺을 수 있을까요? 생텍쥐페리 Antoine de Saion-Exupéy 가 어른을 위해 쓴 동화 〈어린 왕자〉는 관계에 대한 중요한 지침서입니다. 어린 왕자가 자신의 소행성에 피어난 장미를 사랑하는 이유는 단순히 그 꽃이 아름답기 때문만은 아닙니다. 어린 왕자가 장미를 이 세상에서 단 하나밖에 없는 존재라고 믿었기 때문이죠. 그런데 지구에 온 어린 왕자의 눈앞에 수천, 수만 송이 장미가 펼쳐집니다. 슬픔에 빠진 어린 왕자에게 여우가 다가와 이렇게 말합니다.

> "너의 장미가 그토록 소중한 것은
> 그 꽃을 위해 네가 공들인 시간 때문이야."

장미는 어린 왕자를 길들였고, 어린 왕자는 장미를 길들였습니다. 길들임을 통해 서로가 서로에게 하나밖에 없는 존재로 정립되는 것입니다. 그러니 모두 똑같은 장미로 보이더라도 소행성 B612에 핀 장미와는 분명히 다릅니다. 어린 왕자가 세심하게 돌봐주었고, 장미가 그에게 기쁨을 주었다면 이제 서로에게 유일무이한 존재가 된 것입니다.

실존주의 철학자 하이데거Martin Heidegger는 이런 관계 맺음을 공속적 관계belonging together라고 말합니다. 그리고 이를 가능하게 하는 세 가지 마음씀에 대해 이야기합니다. 첫 번째는 염려입니다. 염려는 자신의 현재 모습에 안주하지 않고, 미래의 가능성에 관심을 기울이며 그렇게 살아가고자 하는 마음씀입니다. 두 번째는 배려입니다. 배려는 내가 사용하는 도구나 나에게 필요한 물건을 소중히 쓰려고 하는 도구에 대한 마음씀입니다. 세 번째는 심려입니다. 심려는 나를 제외한 다른 사람을 수단으로 취급하거나 소유하려는 욕망에서 벗어나 각기 고유한 존재로 존중하고 그들의 염려를 촉진하는 마음씀입니다.

서로 구분되는 존재들은 이러한 마음씀을 통해 함께 살아가고, 관계를 이루어 나가는 와중에 각기 고유한 존재로 정립됩니다. 어떤가요, 여러분. 어린 왕자에게 그의 장미가 특별한 이유를 이제는 조금 알 것 같나요?

÷ ○ ✕

나의 가치는 내가 매긴다.

> ✳
> 고귀한 인간은 자신이
> '가치를 규정하는 자'라고 느끼기 때문에
> 타인에게 인정받는 것을 필요로 하지 않는다.
> – 선악의 저편 中

아무르 프로프르amour propre라는 말이 있습니다. 3세대 프랑크푸르트 철학자 악셀 호네트Axel Honneth가 〈인정〉이라는 책에서 제시했던 것으로, 허영이나 과시 욕구로 번역되는 독일어입니다. 남들에게 좋은 사람이나 훌륭한 사람으로 보이고 싶은 맹렬한 욕망을 일컫는 단어죠. 물론 타인에게 인정받고자 하는 마음은 지극히 자연스러운 욕구이며, 인간 본연의 모습입니다. 아이가 부모의 칭찬을 바라거나 회사에서 인정받고 싶은 마음은 누구나 똑같습니다. 이 글을 쓰고 있는 지금, 나 역시 한 명이라도 더 많은 독자가 내 책을 읽고 좋아해 주기를 기대합니다. 하지만 타인의 인정을 과도하게 바라면 파멸의 구렁텅이로 빠지게 됩니다. 자신에게 인정을 주는 사람에게 나의 행동 방향을 결정할 권위를 지나치게 많이 부여하기 때문입니다. 그러니까 인정을 주는 사람은 갑이 되고, 인정을 받는 사람은 을이 되는 거죠. 나의 행동 방향을 결정할 권위를 타인에게 더 많이 주면 줄수록 나는 점차 주체성을 잃어버리게 됩니다. 그래서 관계 속에서 자기 자신으로 존재하기 위해서는 먼저 자기 자신을 사랑하는 법을 배워야 합니다.

✷
그대들은 이웃을 언제나 자신처럼 사랑하라.
하지만 우선 자기 자신을 사랑하는 자가 되도록 하라.
- 차라투스트라는 이렇게 말했다 中

자신을 사랑하는 사람만이 다른 사람도 구체적 욕망을 가진 존재임을 인정할 수 있습니다. 그래야만 비로소 서로를 정서적으로 인정할 수 있고 인정받을 수 있습니다. 물론 머리로는 이해가 되지만, 인간이기에 조바심이 나는 건 어쩔 수 없나 봅니다.

÷ ○ ×

? → !

나는 오늘 하루를 성실하게 살아냈는가? 스스로 던진 질문(?)을 통해 자신의 가치가 매겨지고 그 가치가 자신에게 확실한 느낌(!)으로 다가올 때, 자기 삶에 만족할 수 있습니다. 나의 가치는 남이 매겨주는 것이 아닙니다. 니체는 자부심이란 다른 사람과의 비교나 인정에서 비롯되는 것이 아니라고 말합니다. 그는 자부심을 '힘에의 의지'가 작동된 결과로 보았습니다. 남에게 자신의 가치를 인정받는 일보다 자기 스스로 새로운 가치를 만들어 나가는 것이 중요하다는 거죠. 자부심은 내가 나 자신에게 부여하는 의미를 통해 확인할 수 있습니다. 그래서 무엇보다 중요한 일은 자신을 사랑하는 것입니다. 내가 나를 얼마나 사랑하고 있는지 궁금한가요? 다음의 질문이 도움이 될 겁니다.

Check
☐ 스스로 소중한 무언가를 찾아 최고의 경지에 도달하기 위해 노력하는가?
☐ 자기 일을 성실하게 수행하고 그것에서 보람을 찾아 최선을 다하는가?
☐ 결과가 아니라 과정에서 자기 삶이 의미 있다고 스스로 동기 부여하는가?

세 가지 질문에 대한 여러분의 답변은 어떤가요? 긍정적인가요, 아니면 부정적인가요? 이 질문에 대한 실제적인 판단은 다른 누군가에 의해 규정되지 않습니다. 그 답은 오직 자기 자신만 알 수 있죠. 과연 나는 그런 삶을 살아내고 있던가 스스로 되물어 보니, 여전히 확신할 수 없습니다. 대문호 헤밍웨이Ernest Miller Hemingway도 이와 비슷한 고민을 한 듯합니다. 다만 그는 자신만의 답을 내놓았죠. 헤밍웨이는 존 던John Donne의 시에서 착안하여, 자신의 소설에 〈누구를 위하여 종은 울리나〉라는 제목을 붙였습니다.

**나 자신이 이 인류의 한 부분이니,
친구의 죽음은 곧 나의 한 부분이
떨어져 나가는 것이라.
그러니 누구를 위하여 종이 울리는지
알아보려 하지 마라.
그것은 곧 너 자신을 위하여 울리는 것이므로.**

- 존 던 <누구를 위하여 종은 울리나> 中

과거 헤밍웨이가 읽었던 존 던의 시를 함께 읊어보며, 여러분은 오직 자신을 위해서 오늘 하루를 살아가기 바라겠습니다.

세 번째

고통을 망각하라

÷ ○ ✕

좋아함 이후에 오는 것

영화 〈중경삼림〉에서 금성무가 연기한 경찰 233은 유통기한이 5월 1일까지인 달콤한 파인애플 통조림으로 이별의 아픔을 달래며 이렇게 말합니다.

> 만약 기억이 통조림에 들어있다면,
> 유통기한이 없으면 좋겠어.
> 만일 유통기한을 꼭 적어야 한다면 만년으로 해야지.
> – 영화 〈중경삼림〉 中

살아가며 겪는 거의 모든 일이 그러하겠지만, 특히 사랑은 바라는 대로 되지 않아서 사람을 애태웁니다. 스쳐 지나가는 우연을 붙잡아 낭만적인 운명으로 바꾸는 건 왜 이렇게 힘들까요? 세상에는 수많은 말과 단어가 있지만, 그중에서 사랑만큼 오해가 겹겹이 쌓인 개념은 없을 겁니다. 부모와 자식 간의 사랑, 남녀 간의 사랑, 인류에 대한 사랑, 반려동물에 대한 사랑 등 사랑에는 여러 종류가 있습니다. 다만 사랑이라고 하면 대개는 남녀 사이의 낭만적 사랑을 떠올리게 됩니다. 낭만적 사랑은 인간의 외적인 아름다움에서 일어나는 정서적 소유욕이나 동물적 애욕입니다. 안타깝게도 낭만적 사랑에는 유효기간이 존재합니다. 그래서 누군가는 사랑이 호르몬의 작용이라고 말하기도 하죠. 문화인류학자 르네 지라르 René Girard 는 영원한 사랑이라는 말이야말로 낭만적 거짓말이라고 말했습니다.

사랑의 의미는 이와 유사한 말인 좋아함과 비교해보면 알 수 있습니다. 일상에서 우리는 대체로 좋아한다 like 와 사랑한다 love 라는 말을 구분하지 않고 사용합니다. 하지만 두 가지 개념 사이에는 생각보다 큰 차이가 있습니다. 아이돌 가수 아이브 IVE 의 〈After like〉라는 노래에는 이런 가사가 나옵니다. "그냥 좋다는 게 아니야. What's after like?" 과연 좋아함 이후에 오는 건 무엇일까요? 이 질문의 답을 찾으려면 우선 '좋아한다'와 '사랑한다'는 말의 의미를 진지하게 고민할 필요가 있습니다. 결론부터 말하자면, 두 가지 말의 관계는 지하철역형이 아니라 삶은 달걀형에 가깝습니다.

 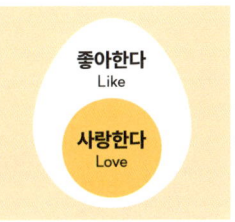

X → 지하철역형   O → 삶은 달걀형

흔히 좋아하는 감정이 사랑보다 시간상 먼저 일어난다고 생각합니다. 지하철역을 지나듯, 좋아한다는 감정이 먼저 생겨난 후에 사랑한다는 감정이 싹트게 된다고 여기는 거죠. 물론 이런 경우가 전혀 없지는 않을 겁니다. 그러나 실상은 사랑의 유효기간이 끝났을 때 비로소 좋아함의 의미가 생깁니다. 좋아함은 교양이나 인품, 가치관과 같은 인간적 매력에서 오는 감정이거든요. 좋아함은 오직 개인의 노력으로 얻을 수 있는 감정입니다. 그래서 사랑의 유효기간이 끝났을 때도 상대가 나를 좋아할 수 있도록 만들기 위한 노력이 필요합니다. 위에서 본 삶은 달걀처럼 말이죠. 애석하지만 사랑을 기다리는 노래 가사와 달리, 좋아함 이후 after like에 오는 것은 사랑함이 아니라 좋아함의 상실일 수도 있습니다.

﹢ ○ ✕

코나투스

사랑은 내가 특별하다고 생각하는 상대가 나를 특별하다고 생각해 주기를 바라는 마음입니다. 그런데 내가 사랑하는 사람이 나를 사랑하지 않을 수도 있죠. 물론 그 반대의 경우도 생깁니다. 나도, 상대도, 자유의지를 가지고 있는 인간이기에 누구도 사랑을 강제할 수는 없습니다.

코나투스conatus는 라틴어로 '삶을 유지하는 힘'이라는 뜻입니다. 코나투스가 감소하면 인간은 슬픈 감정을 갖게 됩니다. 반대로 코나투스가 증가하면 인간은 기쁜 감정을 갖게 되죠. 그래서 우리는 누군가를 만날 때 상대가 내게 슬픔을 주면 피하려 하고, 상대가 기쁨을 주면 곁에 두려고 합니다. 사랑은 나에게 기쁨을 주는 사람과 계속 만나고자 하는 본능적인 감정이라고도 할 수 있습니다. 내가 사랑하는 사람을 만나면 코나투스가 증가하기 때문에 나는 상대가 계속 내 곁에 있어 주기를 원합니다. 그런데 상대의 코나투스가 감소하는 것을 전혀 모른 채 나의 코나투스 증가에만 관심을 가지면 심각한 문제가 발생합니다. 상대에 대한 나의 사랑이 깊어질수록 상대의 코나투스는 점점 감소하여 결국에는 완전히 고갈되어 버리는 거죠. 결국에는 헤어 나올 수 없는 실연失戀이라는 연못에 빠져 허우적대는 상황에 처하게 됩니다. 오로지 사랑하는 사람이 손을 내밀어 줄 때만 여기에서 벗어날 수 있습니다. 나의 기쁨과 슬픔이 전적으로 타인에게 달려있다니, 사랑이란 정말 아이러니합니다.

니체에게도 몇 차례나 청혼할 정도로 사랑했던 루 살로메라는 여인이 있었습니다. 니체는 그녀의 결혼 소식을 듣고 슬픔에 빠졌습니다. 고독의 늪에 잠긴 니체는 〈선악의 저편〉에 이런 말을 남기기도 하죠. "당신이 나에게 거짓말을 해서 화가 난 것이 아니라, 지금부터 당신을 믿을 수 없다는 사실에 화가 납니다."

÷ ○ ✕

기억은 좋고, 망각은 나쁘다?

우리는 앞서 욕망, 관계, 사랑과 같이 우리를 고통에 빠지게 만드는 것을 살펴봤습니다. 여기서 한 가지 확실한 점이 있습니다. 이 모든 것들이 언제는 행복이 될 수도 있고 또 언제는 고통이 될 수도 있다는 것입니다. 그럼 우리가 고통스러울 때 이를 어떻게 극복해야 할까요? 어떻게 하면 이러한 고통을 피할 수 있을까요? 이러한 물음의 끝에는 오늘날 우리가 니체라는 철학자의 이야기에 귀를 기울이는 이유가 있습니다. 니체가 고통과 슬픔의 수렁에서 신음하는 우리에게 망각의 가르침을 들려주고 있기 때문입니다.

> ✦
> **망각하는 자 복이 있나니,**
> **자신의 실수조차 잊기 때문이다.**
> - 선악의 저편 中

알레테이아aletheia라는 말이 있습니다. '진리'를 뜻하는 희랍어인데요. 부정의 접두사 a와 망각을 의미하는 lethe가 합쳐진 단어입니다. 레테lethe는 희랍 신화에서 저승으로 가기 위해서 반드시 건너야 하는 '망각의 강'을 말합니다. 알레테이아, 이 말의 뜻을 풀어보면 진리는 곧 망각이 없는 상태입니다. 진리보다 망각이 우선합니다. 진리라는 말을 성립시키는 기준이 되는 것이 바로 망각입니다. 망각이 없는 상태는 곧 무언가를 기억하는 상태라고 할 수 있습니다.

서양 철학에서 기억은 매우 중요한 주제입니다. 서양 철학을 대표하는 사상가 플라톤은 회상recall을 강조합니다. 회상은 지난 일을 기억해 내는 것입니다. 플라톤은 우리가 현생에 태어나면서 잊어버린 전생의 기억을 떠올리게 하는 것이 회상이라고 말하죠. 그런데 망치의 철학자인 니체는 플라톤의 형이상학을 완전히 뒤집어 버립니다. 플라톤이 기억을 강조했다면, 니체는 망각을 강조합니다. 물론 우리의 삶에는 무언가를 채우는 기억과 무언가를 비우는 망각 모두 필요합니다.

우리에게 기억이 있기에 배움도, 변화도, 사랑도 가능합니다. 만약 기억이 없다면 인간은 그저 순간에 머무는 삶을 살게 될 겁니다. 그만큼 기억은 우리에게 중요하죠. 그러니 영화 〈내 머리 속의 지우개〉에서 알츠하이머병에 걸려 기억을 잃어가는 수진이 슬퍼하며 이렇게 말하는 거겠지요. "내 머리 속에는 자기가 없는 거야. 나도 없는 거야. 무슨 말인 줄 알아? 기억이 사라지면 영혼도 사라지는 거야."

한편 망각은 어떤가요? 여러분은 망각도 기억만큼 중요하다고 생각하나요? 약속을 잊었다. 할 말을 잊었다. 소중한 추억을 잊었다. 자식과 배우자 이름마저 잊어버리게 만드는 알츠하이머병까지. 망각은 대체로 부정적 의미로 각인되어 있습니다. 우리는 으레 기억은 좋은 것이고, 그 반대인 망각은 슬픔이며 고통이라고 생각합니다. 심지어 어떤 이에게 망각은 공포가 되기도 하죠. 술을 진탕 마셔서 필름이 끊긴 다음 날을 떠올려 보세요! 그렇지만 니체는 망각이 없다면 행복도, 희망도, 현재도 있을 수 없다고 말합니다. 니체가 말하는 망각은 단순히 기억력이 부족하다거나 뇌가 병들어 생기는 그런 현상이 아닙니다. 오히려 기억에서 벗어나려는 치열한 투쟁을 의미합니다.

> "좋은 기억이든 나쁜 기억이든
> 거기에 머물러 있으면
> 우리는 영원히 자유로운 삶을 살 수 없다."

÷ ○ ✕

망각의 쓸모

 큰 실수를 저지른 어떤 사람이 이전의 기억을 잊지 못하고 계속해서 과거에 매달린다면 어떻게 될까요? 그는 자신의 삶을 제대로 살아갈 수 없을 것입니다. 현재를 살고 있다고 생각하지만, 실은 여전히 과거에 머물러 있는 셈이죠. 바로 이런 상황에서 망각이 필요한 겁니다. 망각은 우리가 선택한 기억만 받아들이는 기억의 제어 능력입니다. 망각은 의식적 혹은 무의식적으로 발생하는 욕구나 충동의 모순과 대립 과정에 대한 정보를 차단해 버립니다. 고통스러운 기억을 밀어내고 정신의 질서를 만들어 안정을 되찾게 해줍니다. 망각을 통해 우리는 마음의 상처를 치유하고 새로운 기억을 채울 수 있는 빈자리를 마련할 수 있습니다. 이처럼 망각이라는 능동적이고 선택적인 기억의 제어 능력은 건강한 삶의 형식입니다. 창조의 조건이기도 하고요. 창조에는 무언가 채우는 것learning도 중요하지만, 무언가 비우는 것un-learning도 필요합니다.

누구나 그렇듯 괴로운 일을 계속하는 것만큼 싫은 것도 없습니다. 힘들고 고통스러운 일을 계속하면 부정의 물결에 삼켜질 수밖에 없습니다. 어쩔 수 없이 해야만 한다는 것을 알면서도, 가끔 격렬하게 아무것도 하고 싶지 않은 순간이 오고야 말죠. 구글이나 애플처럼 굉장히 좋은 대우를 받는 소위 '신의 직장'을 다니는 사람도, 굉장히 어려운 시험에 합격하여 일하고 있는 사람이라도, 돈을 무척 많이 버는 사람이라도 모두 예외 없이 그런 마음이 들 때가 있습니다. 왜 그럴까요?

나 자신이 하나의 부속품에 불과하다는 생각이 들거나, 나를 억압하는 권위를 도저히 납득할 수 없을 때, 다시 말해 내가 주인이 아니라 노예라는 느낌이 드는 순간, 누구나 부정의 파도에 휩쓸려 버릴 수 있습니다. 그래서 이런 감정을 피하거나 거부하려고 노력합니다. 하지만 끝없이 밀려오는 부정적 감정에서 벗어나기 위해 허우적거릴수록 더욱 깊숙하게 빠져들 뿐입니다. 이때도 망각이 필요합니다. 니체의 이 말이 지금 부정의 바다에 잠겨 있는 누군가에게 도움이 되기를 바랍니다.

> "산에 오르는 가장 빠른 방법은
> 이곳이 산임을 잊는 것이다.
> 한 걸음 한 걸음 내딛는 나의 다리만을
> 바라보는 것이다."

눈앞의 어려움과 고통을 잊고 지금 내가 하는 일에 온전히 집중할 때, 새로운 가능성이 생깁니다. 능동적이고 적극적인 망각이야말로 제대로 된 삶을 가능하게 만드는 힘이기에, 우리 삶에 꼭 필요한 마법입니다.

네 번째

주어진 것을 선용하라

✚ ○ ✕

사실 운명을 바꿀 수는 없다.

우리는 누구나 자신의 삶을 자유롭게 선택할 수 있다고 생각합니다. 나도 어린 시절엔 어른이 되면 스스로 내 삶을 계획하고, 중요한 결정을 내리며, 나에게 좋은 것을 자유롭게 선택할 수 있으리라 생각했습니다. 그런데 대학을 졸업하고 사회생활을 시작하면서 이런 생각에 의문이 들었습니다. 내가 몸담고 있는 세상의 메커니즘을 조금씩 알아가면서, 내가 바꿀 수 있는 것보다 이미 결정되어 바꿀 수 없는 것이 훨씬 더 많다는 현실을 깨달은 겁니다.

돌이켜 보니 우리가 사는 이 세상은 나의 자유의지와 관계없이 구조적으로 이미 정해져 바꿀 수 없는 부분이 많습니다. 어느 나라에서 태어날 것인지, 어떤 부모에게서 태어날 것인지, 어떤 외모나 지능을 타고날 것인지는 스스로 선택할 수 없으니까요. 가끔은 이미 정해져 어쩔 수 없이 받아들일 수밖에 없는 부분을 바꾸고자 노력하기도 합니다. 잘생긴 배우나 예쁜 아이돌의 얼굴로 살면 어떤 느낌일까? 혹시 상상해 본 적 있나요? 상상하는 건 자유지만, 어차피 바꿀 수 없다는 것을 알기에 우리는 대체로 만족하며 살고 있습니다.

그런데 어떤 사람들은 자신에게 이미 주어진 것을 바꿀 수 없다는 이유로 자신의 삶을 비관하거나, 이에 매몰되어 다른 선택지를 포기하기도 합니다. 금수저가 아니라서, MBTI가 대문자 I라서, 잘 생기지 않아서, 머리가 나빠서, 키가 작아서 등 이유도 저마다 제각각입니다. 어떻게 하면 이런 구조적 결정성을 극복할 수 있을까요? 고민에 빠진 우리에게 니체는 아모르 파티amor fati라는 개념을 제시합니다.

> ✦
> 나는 사물에 있어 필연적인 것을
> 아름다운 것으로 보는 법을 더 배우고자 한다.
> 그렇게 하여 사물을 아름답게 만드는 사람 중
> 하나가 될 것이다. 네 운명을 사랑하라.
> 이것이 지금부터 나의 사랑이 될 것이다.
> 나는 추한 것과 전쟁을 벌이지 않으련다.
> 나는 비난하지 않으련다.
> 나는 비난하는 자도 비난하지 않으련다.
> 눈길을 돌리는 것이 나의 유일한 부정이 될 것이다.
> 무엇보다 나는 언젠가 긍정하는 자가 될 것이다.
>
> — 즐거운 학문 中

✢ ○ ✕

어쨌거나 삶은 계속된다.

아모르 파티는 운명애運命愛, 글자 그대로 운명fati을 사랑한다amor는 뜻입니다. 아모르 파티는 자신의 운명을 받아들이고, 긍정하고, 사랑하는 것입니다. 자기 존재에게 보내는 절대적 긍정의 의지이죠. 아모르 파티는 '바꿀 수 없는 것'과 '바꾸고 싶은 것'이라는 서로 상충하는 삶의 패러독스를 적극적으로 수용하는 태도입니다.

인간은 누구나 자신에게 주어진 운명을 받아들일 수밖에 없습니다. 자신의 운명을 받아들인다고 해서, 자유의지의 의미를 과소평가하자는 말이 아닙니다. 자신의 운명이 태어나기 전부터 이미 결정되어 있다는 숙명론을 받아들여야 한다는 뜻도 아니고요. 그저 자신에게 주어진 운명을 받아들이되, 자유의지에 따라 자기 운명을 스스로 바꾸어 나가야 합니다. 니체가 그리는 긍정적인 삶의 모습은 이런 것이 아닐까요? 니체는 자신의 운명을 사랑하고 자신만의 길을 개척해야 한다고 말합니다. 아모르 파티는 나에게 주어진 운명을 받아들이는 것, 그리고 자유의지에 따라 나의 운명을 개척해 나가는 것, 이렇게 두 가지 관점의 종합입니다. 지금 나의 모습은 '바꿀 수 없는 것'과 '바꾸고자 하는 의지'가 만나서 만들어진 것입니다.

인생을 살다 보면 우리는 때때로 부조리함과 마주칩니다. 이를 혼자 힘만으로 바꾸기는 어렵습니다. 그러나 일상에서 하루하루 나아지려는 의지와 노력이 쌓이고 또 쌓여 세상을 바꿀 수 있을지도 모릅니다. 내 운명을 사랑하라, 아모르 파티. 온통 내가 바꿀 수 없는 것으로 이루어진 이 세상에서, 매 순간 나의 존재를 스스로 결정함으로써 나답게 살 수 있는 근거로 삼습니다. 그래서 나는 이 말이 참 좋습니다.

＋ ○ ✕

나 자신을 안다고 말한다면 당신은 신과 다름없다.

"너 자신을 알라." 누구나 한 번쯤 들어봤을 유명한 말입니다. 보통 소크라테스가 남긴 말로 알고 있는 경우가 많은데요. 원래는 델포이 신전 입구 기둥에 새겨진 문구로, 신전에 들어오는 사람에게 건네는 인사말입니다. 그런데 이 말은 사람의 인사가 아니라 신의 인사입니다. 어째서 신만이 이 인사를 건넬 수 있는 걸까요? 너 자신을 알라고 말하려면, 우선 말하는 자가 자기 자신을 아는 사람이어야 합니다. 그런데 과연 그런 사람이 있을까요? 이 세상 어느 누구도 자기 자신에 대해 정확히 알 수 없습니다. 설령 조금은 안다고 해도 그것마저 시간의 흐름 속에서 항상 변해 갑니다. 나의 존재를 규정하는 순간, 그것은 이미 내가 아닙니다. 내가 나의 존재를 규정하고 설명하려는 시도는 결국 지금까지 내가 살아온 삶의 궤적을 내가 생각하는 방식으로 읊조리는 것에 불과합니다. 나의 존재에 대한 나의 설명은 그저 나라는 존재에 대해 어떤 한 측면만 드러낸 것이지요. 바로 이것이 인간이란 존재의 본질입니다. 그렇기에 너 자신을 알라는 말은 사람이 사람에게 할 수 있는 말이 아니라, 신의 인사인 것입니다.

그런데 니체는 "너 자신을 알라"는 말을 "너 자신이 되어라"로 바꿉니다. 이 말을 실천할 수 있도록 제시한 방법이 바로 아모르 파티입니다.

> ✦
> 너 스스로가 되어라!
> 네가 지금 행하고 생각하고 원하는 것은
> 모두 네가 아니다.
> - 반시대적 고찰 中

 현명한 사람은 삶이 원하지 않는 방향으로 흘러가더라도 어쨌든 계속된다는 사실을 깨달은 사람입니다. 삶의 끝에는 성공도 실패도 없습니다. 삶은 그저 삶입니다. 죽으면 모두 사라져 버리고 말죠. 삶은 매 순간 내가 결단한 선택의 결과가 모여서 만들어지고, 한 번 결정한 선택은 되돌릴 수 없습니다. 자신의 선택을 긍정하고 끊임없이 새로운 선택을 해 나가는 것이 삶입니다. 그러니 결국 현명한 사람은 아모르 파티를 깨달은 사람이라고 할 수 있습니다.

+ ○ ✕

현실과 소망의 거리를 좁히려면

현실은 주어진 환경과 여건에서 오는 '제약의 세계'입니다. 그리고 소망은 현실에서 원하는 바를 달성하고자 하는 '의지의 세계'입니다. 현실이 제약의 세계라는 점에서 알 수 있듯, 삶에서 우리 소망이 언제나 이루어지는 것은 아닙니다. 내가 사는 주식은 떨어지고, 내 집 마련은 이번 생엔 영 글렀지요. 다이어트는 100번째 실패하고 있고요. 영원하길 바랐던 연인과 헤어지기도 합니다. 우리는 니체의 말처럼 현실이 뜻대로 되지 않음을 겸허히 받아들이고 긍정해야 합니다. 그래야 비로소 성장할 수 있죠.

그렇다고 해서 니체가 욕망의 크기를 작게 줄여야 한다거나, 욕망을 품지 말라고 주장한 건 아닙니다. 욕망은 고통을 만들어 내지만, 그렇다고 해서 금욕이 새로운 무언가를 만들어 내는 일은 없으니까요. 하지만 바꿀 수 없는 것에 집착하면 우리는 끝없는 고통 속에서 살아갈 수밖에 없을 겁니다. 현실은 치열한 경쟁과 투쟁의 연속이니까요. 나의 운명을 받아들이고, 지금 내 앞에 놓인 제약과 한계를 극복해 나갈 때, 재테크든, 다이어트든, 사랑이든 무엇이든 쟁취할 수 있을 겁니다. 그러니 여러분. 우리 모두 함께, 아모르 파티!

"If we possess a why of life
we can put up with almost any how."

왜 살아야 하는지를 아는 사람은 그 어떤 상황도 견뎌낼 수 있다.

Friedrich Nietzsche

Part 2

삶의
의미를 찾는
사람들에게

첫 번째 · 내 마음의 소리를 들어라

두 번째 · 삶을 놀이처럼 살라

세 번째 · 순간을 영원처럼 살라

네 번째 · 삶을 예술처럼 살라

첫 번째

내 마음의 소리를 들어라

÷ ○ ✕

세상은 우리의 해석을 기다린다.

사람은 의미를 먹고 사는 존재입니다. 사람이라면 누구나 의미 있는 존재가 되고자 열망합니다. 첫 만남이나 첫인상을 중요하게 여기는 이유도 나라는 사람의 의미를 다른 사람에게 보여주는 최초의 순간이기 때문입니다.

사람의 생김새를 인상人相이라고 하죠. 그런데 눈에 보이는 사실에 대한 인식 주체의 의미 해석도 인상印象이라 합니다. 나라는 사람은 하나인데 어째서 나에 대한 인상은 사람마다 다르게 보이는 걸까요? 나라는 사람(기표)은 동일하지만, 그 의미(기의)에 대한 해석이 보는 사람마다 다르기 때문입니다.

> ✦
> **식인종의 나라에서 고독한 자는
> 홀로 있을 때 신을 먹어 치우고,
> 대중 속에 있을 때는 대중이 그를 먹어 치운다.
> 그러니 어느 쪽이든 망설이지 말고 마음 가는 데로 선택하라.**
> – 인간적인 너무나 인간적인 中

 쉽게 설명하기 위해 한 가지 예를 들어보겠습니다. "골프란 무엇인가?"라는 질문에 대한 답을 생각해 봅시다. 누군가는 채로 공을 쳐서 홀에 넣을 때 소요된 타수로 승부를 겨루는 구기 스포츠라고 말합니다. 다른 누군가는 잘 정리된 잔디 위를 거닐며 자연을 만끽하는 스포츠라고 말하기도 하죠. 또 다른 누군가는 인생을 차분히 반성하며 나 자신을 느낄 수 있는 스포츠라고 말합니다. 골프라는 한 가지 스포츠이건만 이를 접하는 사람마다 전혀 다른 방식으로 인식합니다. 이렇게 사물이나 현상에 대해 사람마다 서로 다른 생각을 가지는 이유는 무엇일까요? 그것은 인간이 기호의 의미를 새롭게 생성할 수 있는 존재이기 때문입니다. 우리가 일상에서 마주치는 수많은 기호는 아직 의미가 확정되지 않은 채 우리, 즉 인식 주체의 해석을 기다리고 있습니다. 그렇기에 어제는 우리에게 아픔과 슬픔으로 다가왔던 대상일지라도, 내일은 기쁨과 즐거움의 대상으로 거듭날 수 있습니다.

÷ ○ ×

하늘색이 파란색인 이유

여러분이 생각하는 하늘은 무슨 색인가요? 대부분 하늘은 파란색이라 대답하겠지요. 그런데 사실 하늘색은 매우 다양하여 하나의 색으로 규정할 수 없습니다. 노을이 질 때는 붉은색, 비구름이 가득하면 회색, 해가 진 밤에는 검은색으로 보입니다. 하늘은 시시때때로 다양한 색으로 바뀝니다. 그럼 왜 우리는 모두 입을 모아 하늘색을 파란색이라고 할까요? 그것은 우리가 공통으로 '하늘색=파란색'이라는 이미지를 갖고 있기 때문입니다. 이때 이미 머릿속에 갖고 있는 이미지를 떠올리는 것을 표상representation이라고 합니다. 표상은 내 머릿속에 들어왔지만 콕 집어 생각하지는 않았던 것, 뿌옇고 자욱한 것을 끄집어내는 것을 일컫는 말입니다. 우리가 하늘색이 무엇인가라는 질문에 답하기 위해서는 이미지에 대한 처리(생각)가 필요합니다.

　머릿속에 들어 있던 연기처럼 뿌연 이미지를 끄집어내 그것을 추상화하여 이름을 붙여야 합니다. 만일 하늘색은 파란색이라고 답변했다면, 하늘이라는 이미지를 떠올리고 이를 추상화한 뒤 파란색이라는 한 가지 특징(이름)으로 고착한 결과입니다. 이를 '표상적 사유'라고 합니다. 우리는 표상적 사유를 통해 어떤 대상을 개념적으로 파악할 수 있습니다. 만약 우리에게 이런 표상적 사유 능력이 없다면 어떻게 될까요? 과거에 자신이 사유했던 기억을 끄집어낼 수 없는 사람은 축적된 사고를 할 수 없습니다. 이런 사람과 봄에 관해 이야기를 나눈다고 상상해 봅시다. 이때 봄이 갖는 구체적인 현상을 낱낱이 설명하지 않는다면 대화조차 할 수 없을 겁니다. 만일 봄이 아니라, 곰이라면 어떨까요? 곰을 보고 위험하다고 판단하고 즉각적으로 도망가지 못했다면 인류는 벌써 오래전에 멸종했을지도 모릅니다.

그런데 표상적 사유에는 치명적인 문제가 있습니다. 어떤 대상을 표상적 사유로만 파악하면 대상이 가지고 있는 다양성이 전부 사라져 버린다는 점입니다. 겉으로 드러난 대상의 일부를 아는 데 그치게 될 뿐이죠. 오래전 일이지만, 나는 옆자리에 앉은 후배에게 책 읽기를 강요한 적이 있습니다. 그로부터 한참 뒤 그 후배에게서 그때의 솔직한 심정을 듣게 되었습니다. "아~ 저 인간 또 이러네." 나는 그 후배에게 그저 '저 인간'이며, 나를 마주치는 일이 당시 그에게 매우 고역이었음을 뒤늦게 알게 된 것이죠. 안타깝게도 후배가 파악한 나의 모습은 '꼰대 같은 저 인간'일 뿐, 그는 나의 다른 모습은 파악할 수 없었습니다.

게다가 표상적 사유는 이전에 발생한 고정관념을 바탕으로 새로운 경험을 해석하게 만듭니다. 이런 경향성은 한 번 형성되면 좀처럼 깨기 힘들기 때문에 우리를 지식의 저주 Curse of knowledge 에 빠지게 되죠. 나이가 들수록 새로운 것을 봐도 전혀 새롭지 않고 늘 비슷비슷하게 느끼는 이유도 바로 여기에 있습니다. 비슷한 맥락에서 니체는 그의 저서에 이런 말을 남깁니다.

> ✦
> 좋지 못한 기억력의 이로운 점은
> 똑같은 사물을 여러 번
> '처음으로' 즐긴다는 데 있다.
> - 인간적인 너무나 인간적인 中

세상에 존재하는 모든 것은 서로 다르다.

포스트모더니즘 철학자들은 표상적 사유가 만든 개념의 추상성에 저항하며 현실의 풍부함을 되찾으려고 노력했습니다. 이들은 세상 만물을 절대적이고 고정된 개념으로 설명하는 합리주의 사상을 극복하고자 했습니다. 그중 니체 철학의 계승자라고 할 수 있는 들뢰즈Gilles Deleuze는 차이를 강조하며 '차이 자체'라는 개념을 도입합니다. 차이 자체는 개념으로 드러낼 수 없는 대상 자체의 절대적 다름을 의미합니다. 쉽게 말해 세상에 존재하는 모든 것이 서로 다르다는 말입니다. 〈어린 왕자〉의 장면 중, 사막에서 만난 여우와 어린 왕자가 나누는 대화는 차이가 도대체 무엇인지 우리에게 명쾌하게 알려줍니다.

> 어린 왕자: 이리 와서 나하고 놀자. 난 쓸쓸해.
> 여우: 난 너하고 놀 수 없어. 난 길들여지지 않았으니까.
> 어린 왕자: 길들인다는 게 뭐지?
> 여우: 그건 관계를 맺는다는 뜻이야. 네가 나를 길들이면
>   넌 내게 이 세상에서 하나밖에 없는 아이가 될 거야.

여우가 말한 '길들인다'는 말은 각 대상이 지닌 차이를 통해 서로가 특별한 관계로 나아가는 것을 의미합니다. 대상이 갖고 있는 차이 그 자체를 발견했을 때 비로소 길들일 수 있습니다. 이런 차이는 추상화된 개념만으로는 결코 설명할 수도, 도달할 수도 없습니다.

이는 또 다른 포스트모더니즘 철학자 데리다Jacques Derrida가 주장한 것처럼, 차이가 다른 것과의 차별성에서 발생하기 때문입니다. 사과가 사과인 이유는 사과가 아닌 것과의 차이에서 생깁니다. 사과의 의미는 확정되지 않고, 지속적으로 그 의미가 연기됩니다. 그래서 데리다는 존재의 특성을 차이의 연기, 즉 차연différance이라고 말합니다. 시간의 흐름에 따라 변하는 차이가 대상의 의미를 결정한다면, 의미의 완결은 영원히 불가능하겠죠. 그러니 지난 시간, 슬프거나 괴로운 기억도 얼마든지 아름다운 추억으로 바뀔 수 있습니다. 세상 만물을 여러 가지로 해석할 수 있으므로 우리에게는 언제나 희망이 있습니다. 인식 주체의 해석에 따라 모든 의미가 달라진다면, 의미 있는 삶도 각자의 해석에 따라 달라질 수밖에 없습니다. 그렇기에 자신의 개성에 따르는 삶이야말로 진정 의미 있는 삶입니다.

니힐리즘에 관한 오해

1889년 어느 겨울날, 길을 걷던 니체는 한 마부가 술에 취해 자신의 말에게 심한 폭력을 가하는 장면을 목격했습니다. 이를 본 니체는 충격을 받고 달려가 울면서 죽어가는 말을 부둥켜안았습니다. 말을 죽이지 말라 울부짖던 니체는 무슨 생각을 했던 걸까요? 그가 말의 모습에서 무언가를 느낀 건지 아니면 그저 정신착란인지 짐작조차 할 수 없습니다만, 나 역시 가끔 누군가를 부둥켜안고 울고 싶을 때가 있습니다. 특히 이 세상에 나 혼자 덩그러니 남겨진 느낌이 들 때 그렇습니다. 거기에 멜랑꼴리한 날씨까지 더해지면, 마음의 걸쇠가 뚝 끊어져 생각이 통제할 수 없는 밀물처럼 밀려듭니다. 내 삶은 어떠한 의미도, 아무런 가치도 없나? 내 삶은 왜 이렇게 되는 게 없나? 세상은 왜 이다지도 불합리한가? 막막한 상념이 덜미를 잡아 나를 바닥으로 끄집어 내립니다.

> ✲
> 니힐리즘이란 무엇을 의미하는가?
> 지고의 여러 가치가 그 가치를 박탈한다는 것.
> 목표가 결여되어 있다.
> '무엇 때문에?'에 대한 대답이 결여되어 있다.
>
> – 힘에의 의지 中

 이처럼 기존의 가치와 의미가 무너지고, "왜 살아야 하는가?"라는 물음에 답할 수 없는 상태를 니힐리즘nihilism이라고 합니다. 그렇지만 니체가 말하는 니힐리즘은 '모든 것이 헛되다', '덧없다'와 같이 단순히 삶에서 느끼는 공허함을 말하는 것이 아닙니다. 니체의 니힐리즘은 현실 세계를 인정하지 않고 현실 너머의 초월 세계가 진짜 세계라고 믿는 사고방식을 가리킵니다. 니힐리즘의 니힐nihil은 '없다'는 뜻입니다. 현실 세계에는 진리, 가치, 의미, 도덕 등이 없다고 믿는 것을 말하죠. 그런데 우리가 사는 이곳, 눈에 보이는 현실 세계에 참된 것도, 의미도, 가치도 없다고 한다면 우리는 도대체 무엇을 믿고 무엇을 위해 살아야 할까요? 현실을 사는 우리에게 니힐리즘 상태는 어쩌면 가장 견딜 수 없는 고통일지도 모릅니다. 이런 커다란 상실감에서 벗어나기 위해 우리는 현실에서 도피하게 됩니다. 도파민이 강력하게 분비되는 자극적인 활동에 빠지거나, 아무 일도 하지 않은 채 혼자만의 동굴에 틀어박히기도 합니다. 어떤 누군가는 초월적인 존재에 의지하기도 합니다. 하지만 니체는 삶을 긍정함으로써 니힐리즘을 극복하고자 했습니다. 그가 신에게 죽음을 선고한 이유도 여기에 있는 것이지요.

✢ ○ ✗

천국은 내가 딛고 선 대지 위에 있다.

니체는 평생에 걸쳐 정신질환을 앓았습니다. 그리고 심한 두통과 안구 통증 등, 숱한 고통과 더불어 살았죠. 니체의 삶은 고되었지만, 그는 결코 자기 삶을 미워하지 않았습니다. 니체는 자신의 운명을 사랑하는 것을 포기하지 않았습니다. 오히려 그는 차라투스트라라는 가상의 인물을 내세워, 아프고 힘들어도 괜찮노라, 넘어지면 다시 일어나라 외쳤습니다. 이는 삶에 대한 긍정과 사랑을 확신하는 외침입니다. 니체는 천국이 저 멀리 하늘

너머에 있는 것이 아니라, 바로 여기에 있다고 말합니다. 대지에 두 발을 딛고 일어나라고, 끊임없이 자신을 극복해야 한다고 외칩니다. 가시밭길을 만나더라도 앞으로 나아가야 하며, 이를 단념하느니 차라리 몰락하고 말겠다는 굳은 다짐으로 말이죠. 니체는 삶을 긍정하기 위해서는 '힘에의 의지'를 긍정해야 한다고 강하게 말합니다. 아닌 게 아니라 힘에의 의지는 스스로 강자가 되고자 하는 의지잖아요? 이는 대지(현실)에 두 발을 딛고 서 있는 초인만이 실현할 수 있는 일입니다. 니체가 말하는 초인은 힘에의 의지가 충만한 실존적 인간입니다. 자신의 삶을 운명에 맡기지 않고 스스로 결단하는 사람이야말로 초인입니다. 그래서 니체는 다음과 같이 말합니다.

"왜 살아야 하는지를 아는 사람은
그 어떤 상황도 견뎌낼 수 있다."

㠋 ○ ✕

절망이 주는 선물

〈죽음의 수용소에서〉는 유대인 작가 빅터 프랭클Viktor Emil Frankl이 나치 강제 수용소에서 겪은 실제 경험을 바탕으로 쓴 책입니다. 프랭클 박사는 이 책에서 아무리 절망스러운 상황에서도 삶의 의미를 찾을 수 있다는 사실을 잊어선 안 된다고 강조합니다. 도저히 피할 수 없는 운명과 맞닥트렸을 때, 인간의 잠재력은 최고조에 달하기 때문입니다. 이를 통해 뜻하지 않게 닥친 비극을 극복할 수 있고, 예고 없이 다가온 곤경을 성취로 바꿀 수 있습니다. 자신이 당면한 상황을 자기 마음대로 바꿀 수 없을 때 비로소 자신을 변화시킬 수 있다는 거죠. 지금 여러분의 통장잔고가 0이 되어버린다면 어떨까요? 통신비, 보험료, 월세, 카드값 등 당장 나가야 할 지출이 주마등처럼 스치고 지나갈 것입니다. 당분간 현금이 들어올 구멍이 없다면, 심박수가 빨라지고 매운 음식을 먹을 때처럼 이마에 땀이 나며 등골이 서늘해지겠죠. 적금과 보험을 해약하면 어떻게든 이번 달은 버틸 수 있겠지만, 다음 달은 또 어떻게 처리해야 할지 막막할 겁니다. 이때 무턱대고 지출하던 나의 소비 패턴이 드라마틱한 절약 모드로 바뀝니다.

아이러니하지만 이렇게 절망적인 상황에서 우리는 완전히 바뀔 수 있습니다.

> ✳
> 앞으로 엄청나게 성장할 저 수목들은
> 과연 다가올 폭풍우를 피해야만 하는 것일까.
> 외부로부터의 분리와 반대, 어떤 종류의 증오와 질투,
> 불신, 탐욕, 난폭과 같은 개념이 없었다면
> 인류는 도덕을 깨닫지 못했을 것이다.
> 마찬가지로 저 거대한 어린 새싹은 퍼붓는 빗속에서
> 더욱 강인하게 자랄 수 있지 않을까.
> 연약한 인간을 말살해 버리는 외부의 고통도
> 결국 살아남게 될 인간에겐 영양제에 불과하다.
> 살아남은 자들은 결코 고통을 아픔이라 부르지 않는다.
> － 즐거운 학문 中

우리는 살면서 수많은 상처와 절망을 겪습니다. 물론 상처는 언젠가 아물고 새살이 돋아나 삶을 더 풍부하게 해줄 것입니다. 하지만 이를 알고 있더라도, 가끔은 한없이 추락할 것만 같은 절망감에 괴로운 날이 있습니다. 각자의 캔버스 위에 의미 있는

별자리를 그려가는 지난한 여정을 인생이라고 한다면, 내일은 밤하늘에 고귀하게 빛나는 별을 그린 그림을 볼 수 있으리라 기대합니다. 밤하늘에 나만의 별자리를 수놓는 것은 오직 나의 의지에 달려 있으니까요. 고통과 슬픔, 상처와 절망, 아픔과 상실이 우리를 고귀하게 만듭니다. 힘겨운 삶의 문제에 부딪혀도 이를 긍정적으로 보려는 힘에의 의지가 있기에 우리 삶은 더욱 고귀하게 거듭날 수 있습니다.

두 번째

삶을 놀이처럼 살라

A의 정신, B의 정신, C의 정신

"순응할 것인가?
파괴할 것인가?
창조할 것인가?"

니체는 〈차라투스트라는 이렇게 말했다〉에서 인간의 정신이 3단계로 발전한다고 말합니다. 편의상 A의 정신, B의 정신, C의 정신이라 하겠습니다. 각각의 정신이 어떤 것인지 함께 살펴볼까요? 먼저 A의 정신입니다. 학교에 입학했을 때나 회사에 입사했을 때를 떠올려 봅시다. 많은 사람이 모여 있는 학교나 회사에는 저마다 규칙이 존재합니다. 그래서 학교에 막 입학한 신입생이나 회사에 갓 입사한 신입사원은 학교나 회사의 규칙을 몸에 익히기 위해 노력해야 합니다. 당연한 말이지만 처음에는 이를 받아들이는 자세가 필요합니다. 공동체의 일원이 된다는 것은 곧 공동체 규칙을 배우는 일이기 때문입니다. 이때 필요한 것이

'A의 정신'입니다.

다음은 B의 정신입니다. 얼마간 시간이 지나서 학교나 회사의 일원으로 적응하면, 그곳에서 통용되는 규칙을 어느 정도 이해하고 내재화하게 됩니다. 그렇지만 규칙은 사람이 만든 것이기에 완벽할 수는 없는 법입니다. 구성원들의 필요와 요청에 따라 규칙은 언제든 개선될 수 있습니다. 아니, 시대나 상황에 맞게 늘 개선되어야만 합니다. 이때 필요한 것이 바로 'B의 정신'입니다.

마지막으로 C의 정신입니다. 학교나 회사의 규칙으로부터 자유로워지는 상태가 있습니다. 물론 자유롭다고 해서 그것을 깡그리 무시해도 된다는 의미는 아닙니다. 규칙을 따르지 않고 '내 멋대로 하겠다'는 소극적인 자유가 아니라 규칙 내에서 무엇이든 할 수 있는 적극적인 자유를 말합니다. 이는 B의 정신 단계에서 이루어지는 기존의 규칙을 조금씩 개선하는 수준이 아닙니다. 전혀 새로운 규칙을 제시할 수 있고 그것을 조직 전체에 전파하여 조직을 바꿔 나갈 수도 있습니다. 이러한 정신을 'C의 정신'이라고 합니다. 각각의 정신은 저마다 나름의 의미가 있습니다.

> 나는 그대들에게 정신의 세 가지 변화에 대해 말하고자 한다.
> 어떻게 하여 정신이 낙타가 되고, 사자가 되며,
> 사자는 마침내 아이가 되는가를.
> - 차라투스트라는 이렇게 말했다 中

낙타의 정신, 사자의 정신, 아이의 정신

앞서 말한 세 가지 정신은 각각 A는 낙타, B는 사자, C는 아이입니다. 니체가 말한 인간 정신의 3단계는 이렇게 낙타의 정신, 사자의 정신, 아이의 정신으로 이루어져 있습니다. 각각의 정신 단계에 대해 조금 더 자세히 살펴보겠습니다.

먼저 낙타의 정신입니다. 낙타는 황량한 사막에서 무거운 짐을 등에 지고 아무런 불만 없이 묵묵히 걷는 동물입니다. 낙타는 타인이 만들어 놓은 것을 짊어진 채 힘겹게 살아가는 인간을 상징합니다.

주체적 판단이나 결단 없이 외부의 권위에 의존하여 타율적 삶을 사는 인간을 가리키죠. 타인이 부과한 이념이나 가치에 순종하며 어떠한 성찰도 없이 힘겨운 삶을 사는 사람들은 모두 낙타입니다. 낙타의 정신은 조직이나 사회에 의해 이미 설정된 가치, 의미, 신념, 이데올로기를 의심하지 않고 무조건 받아들이는 상태입니다. 기존의 가치에 대한 의문이나 질문을 던지지 않기 때문에, 그 상태에서 벗어나지 못합니다. 낙타의 정신 단계에서는 기존 가치를 고수하거나 이를 수용하는 데 관심이 집중됩니다. 이때 기존 가치에 반기를 들거나 조금이라도 다른 양상이 보이면, 그것을 통제하고 제거하려 듭니다.

다음으로 사자의 정신입니다. 사자는 독립적이고 강한 동물이죠. 사자는 낙타와 달리 스스로 무엇인가 하고자 하는 적극적 의지를 내세웁니다. 사자는 인간을 무겁게 눌러온 종교, 형이상학, 이데올로기와 같은 족쇄에서 벗어나 스스로 자유를 쟁취한 용감한 인간을 상징합니다. 사자의 정신은 세상의 틀에 얽매이지 않고 자유로운 삶을 추구하는 상태입니다. 하지만 사자의 정신에는 분명한 한계가 있습니다. 바로 기존의 가치를 파괴할 수는 있지만, 새로운 가치는 만들어 내지 못한다는 것입니다. 사자의 정

신 단계에서는 기존의 가치에 대해 질문을 던지고, 이로부터 벗어나는 것에 관심이 집중됩니다. 원래 자신이 가지고 있는 생각이나 관념을 비판적으로 따져 물어보고, 그것에서 벗어나 자신을 되찾으려 합니다.

니체는 낙타의 정신, 사자의 정신에서 벗어나 아이의 정신 단계로 이행해야 한다고 말합니다. 아이의 정신이란 무엇일까요? 아이는 솔직하고 순진하며, 자유롭습니다. 아이는 낙타의 타율성과 사자의 소극적 자율성을 딛고 일어선 최고 경지의 인간을 상징합니다. 니체가 최고의 인간 유형이라고 규정한 초인이 바로 이 단계의 인간입니다. 아이의 정신 단계에서 인간은 비로소 적극적인 자유를 누리게 되며, 그 자유를 통해 자신의 세계를 창조합니다. 아이의 정신이란, 말하자면 아이가 그러하듯 삶을 놀이처럼 사는 것입니다.

+ ○ ×
# **놀이하는 아이처럼 살아라.**

 이제 아홉 살 난 우리 집 아이는 눈을 뜨자마자 자기 전까지 컬러 점토로 이것저것 쉬지 않고 무언가 만듭니다. 옆에서 보고 있자면 조그만 손으로 참 꼼꼼히도 조물거립니다. 학교도 가고, 밥도 먹고, 평범한 생활을 하면서 시간이 날 때마다 컬러 점토 작품을 만듭니다. 신기한 마음에 아이에게 이유를 물어봤습니다. 아이는 '그냥 재미있어서'라고 답했습니다. 아이는 어떻게 온종일 지치지도 않고 컬러 점토를 가지고 노는 걸까요? 왜 컬러 점토 작품을 만들며 스스로 즐거워하는 걸까요? 여기서 중요한 점은 아이가 컬러 점토로 무언가 만드는 일이 본인의 자유로운 선택이었다는 것입니다. 컬러 점토로 만든 작품이 책상 위에 수북하게 쌓이면 정리하라는 잔소리를 가끔 했지만, 나도 아내도 무언가 하라거나 하지 말라거나 하는 간섭은 전혀 하지 않았습니다. 아이에게 컬러 점토로 만든 작품에 대해 직접 칭찬한 적도 없고요. 특별한 보상이나 대가를 주지도 않았습니다. 아이에게 컬러 점토로 무언가 만드는 활동은 그저 즐거움의 수단이면서 동시에 목적입니다. 이것이 가능한 이유는 컬러 점토를 만드는 활동이 아이

ⓒ RYU JAE HOON

에게 놀이이기 때문입니다.

다른 활동과 놀이가 다른 점은 무엇일까요? 가장 큰 차이는 놀이할 때는 이유를 생각하지 않는다는 겁니다. 놀이하는 아이들은 놀이하는 동안 놀이를 하는 이유 따위는 생각하지 않습니다. 그냥 놀이가 재미있어서 하는 거죠. 하지만 즐거운 마음으로 시작했던 놀이도 언젠가 시들해지기 마련입니다. 아이들은 그제야 비로소 놀이하는 이유에 대해 질문하기 시작합니다. 재미가 없는데도 계속해서 그 놀이를 해야 할 때, "왜 이 놀이를 해야 하지?"라고 놀이의 의미를 생각해 보게 되는 거죠. 우리 인생도 마찬가지입니다. 삶을 놀이로 여기는 사람들은 왜 삶을 계속 살아야 하는지 묻지 않습니다. 그냥 삶이라는 재미있는 놀이를 즐길 뿐이죠. 그러니 지금 우리가 삶의 의미를 찾아 헤매고 있다면, 그건 삶이 더 이상 우리에게 재미있는 놀이가 아니기 때문입니다. 삶을 자신이 짊어져야 할 무거운 짐으로 느끼고 있다는 거죠. "왜 살아야 하는가?"라는 질문은 이런 질문이 생길 필요가 없을 정도로 재미나게 살아갈 때 해소될 수 있습니다. 삶의 의미를 찾기 위해서는 오히려 그런 질문이 생기지 않는 상태로 우리의 삶을 바꾸어야 합니다. 그래서 니체는 놀이하는 아이처럼 살아갈 때 우리 삶이 즐겁고 의미가 있다고 말합니다.

✳

생성과 소멸, 창조와 파괴는
아무런 도덕적 책임도 없이
영원히 동일한 무구의 상태에 있으며,
이 세계에는 오직 예술가와
어린아이의 유희만이 있을 뿐이다.
어린아이와 예술가가 놀이를 하듯
영원히 생동하는 불은 놀이를 하며,
무구하게 세웠다가 부순다.
영겁의 시간은 자신과 놀이를 한다.
마치 아이가 바닷가에 모래성을 쌓았다가 부수듯이,
(중략)
이따금 그는 놀이를 새롭게 시작한다.

- 즐거운 학문 中

╬ ○ ✕

놀이란 무엇인가?

대체 놀이가 무엇이기에 니체는 삶을 놀이처럼 살 때 의미가 생긴다고 말하는 걸까요? 놀이의 사전적 의미는 '재미를 얻고 스트레스를 풀기 위해 하는 활동'입니다. 놀이는 물질적 보상이나 금전적 대가를 바라지 않고 하는 행위이며, 누군가에게 강제로 등을 떠밀려 하는 행위도 아닙니다. 요컨대 놀이는 시간을 잊을 만큼 무언가에 빠져 몰입하는 것, 잇속을 따지지 않고 순수하게 즐긴다는 뉘앙스가 포함된 말입니다.

놀이를 연구한 유명한 저서로 요한 호이징하Johan Huizinga의 〈호모 루덴스〉와 로제 카이와Roger Caillois의 〈놀이와 인간〉이 있습니다. 놀이를 주제로 한 유익한 책이지만, 만일 기회가 있어 읽게 된다면 각오를 단단히 해야 합니다. 붕어빵에 막상 붕어가 없는 것처럼, 놀이의 속성 중 하나인 재미가 완전히 증발한 책이기에 오히려 놀이가 싫어질 수도 있기 때문입니다. 하지만 놀이가 단순히 즐겁게 시간을 보내는 것뿐이라면, 학자들이 놀이에 대해 이렇게 많은 말을 했을 리 없겠지요? 놀이가 무엇인지 구체적으로 알기 위해서는 이와 전혀 상관없어 보이는 '일'이란 무엇인지 아는 것부터 시작해야 합니다.

일은 생계나 생존, 생활을 위한 모든 활동, 또는 화폐를 얻기 위해서 육체적·정신적으로 행하는 모든 활동을 뜻합니다. 그래서 일은 일종의 '심각한serious' 활동이라고 할 수 있습니다. 일은 심각한 활동이기에 일이 잘못되면 문제가 생깁니다. 강의 중에 무심코 말실수를 했을 때, 폭설로 도로 한복판에 꼼짝없이 갇혀 중요한 발표회에 가지 못했을 때, 당직 근무 중에 위급 상황이 발생했을 때처럼 누구나 한 번쯤 일이 잘못되어 눈앞이 캄캄해져 본 경험이 있을 겁니다.

한편 일의 반대말은 일이 없는 상태free time 입니다. 흔히 우리는 일이 없는 상태를 여가leisure 라고 하죠. 여가는 일과 달리 '비심각한un-serious' 활동입니다. 혹시 여행지에서 기차나 버스를 놓쳐본 적이 있나요? 물론 귀중한 시간을 낭비해서 기분이 썩 좋지는 않지만, 그것이 여행 전반을 좌우할 만큼 심각한 일은 아닙니다. 이번에 놓쳤다면 다음을 기다리면 되니까요. 그래서 여가를 생각하면 자연스레 남국의 휴양지에서 보내는 여유로움과 느긋함, 또는 취미나 운동 같은 것들을 떠올립니다.

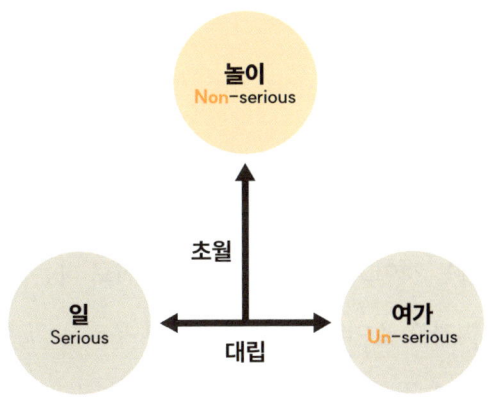

위의 그림처럼, 일과 여가는 서로 반대 개념입니다. 대부분의 사람들이 평일에는 회사에 나가 일을 하다가 주말에는 여가를 즐깁니다. 우리 일상은 대체로 일과 여가라는 심각한 활동과 심각하지 않은 활동 사이를 왔다 갔다 반복합니다. 일이나 여가와 전혀 다른 차원의 활동이 있는데, 그것이 바로 놀이입니다. 놀이는 일도 여가도 아닙니다. 일과 여가를 넘어선 활동이죠. 그래서 놀이는 '무심각한non-serious' 활동입니다. 시간과 공간의 제약이 있지만 놀이하는 동안 우리는 일상의 필요와 욕망, 도덕적 의무감에서 자유로워질 수 있습니다. 오로지 지금, 여기에서, 내가 행하는 활동 그 자체에 집중하게 됩니다. 그렇다고 해서 놀이가 일이나 여가를 완전히 떠나서 존재하는 것은 아닙니다. 일을 하면서 스스로 규칙을 만들고 이를 지키며 자신의 발전을 위해 한 단계씩 나아간다면? 혹은 수영이나 축구 같은 운동에 몰입하여 흠뻑 빠진다면? 이 두 가지 모두 놀이라고 할 수 있습니다. 전자는 일을 놀이로 하는 것이고, 후자는 여가를 놀이로 하는 것입니다. 이렇게 일도 여가도 놀이처럼 할 수 있다면 우리는 그 활동에서 만족과 희열, 기쁨을 얻을 수 있습니다. 그래서 무언가에 깊게 빠져 몰입을 경험하는 사람을 '놀이하는 인간'이라는 뜻에서 호모 루덴스Homo ludens라고 부릅니다.

+ ○ ×

때려치울 수 없는 그대, 놀이의 정신으로 무장하라.

오늘날 우리에게 일은 피할 수 없는 과제입니다. 그렇지만 자기 능력이나 적성과 맞지 않는 일을 계속하는 것처럼 끔찍한 상황도 없지요. 물론 가족의 생계를 책임져야 하는 월급쟁이는 내가 원하는 일만 하고 살 수는 없습니다. 그래도 가끔 확 때려치우고 싶다는 생각이 불쑥 솟아오르는 것을 도무지 막을 수 없습니다.

"안녕히 계세요 여러분~ 저는 이 세상 모든 굴레와 속박을 벗어던지고, 제 행복을 찾아 떠납니다!"라고 외치며 그만둘 수도 없는 노릇이고요. 진부한 말이지만 피할 수 없다면 즐겨야 합니다. 어쩔 수 없이 해야 한다면 놀이하는 마음으로, 흔쾌히, 그리고 즐겁게 하는 것이 삶의 지혜입니다. 놀이의 정신으로 무장하면 어떤 실패의 순간도 두려움 없이 즐길 수 있습니다.

세 번째

순간을 영원처럼 살아라

시간은 무엇인가?

인간의 경험은 시간 속에서 이루어집니다. "오늘 아침에 이런 일이 있었지 뭐야." 혹은 "작년 겨울에 있었던 일인데." 시간이 담긴 이야기가 형성되는 순간, 비로소 경험을 설명할 수 있습니다. 우리가 시간 속에서 자신의 행위에 의미를 부여함으로써 이야기를 만들어 나가기 때문입니다. 예를 들면 이런 것입니다.

> 비가 온다.
> 그녀가 떠났다.
> 눈물이 났다.

각각의 사건을 시간 순서대로 배치해 보면 이렇게 하나의 이야기가 되죠.

비가 오는 날,
그녀가 떠났기에
나는 눈물이 났다.

그래서 이야기를 만든다는 것은 시간의 흐름에 따라 자기 경험을 재배치하는 활동이라고 할 수 있습니다. 그렇다면 시간이라는 건 대체 무엇일까요? 오래전부터 시간에 대해 고민한 사람들이 있습니다. 그중 첫 번째 인물은 고대 로마의 신학자 아우구스티누스Augustinus Hipponensis입니다. 그는 자신의 대표작 〈고백록〉에서 시간의 개념을 논합니다. 아우구스티누스가 시간에 대해 공들인 이유는 신에게 자신의 삶과 신앙을 고백하는 일이 반드시 시간과 더불어 이루어질 수밖에 없기 때문입니다. 그는 '도대체 시간이란 무엇인가?'라는 질문을 던집니다. 그런데 시간이 정말 존재하는가에 대해 누구도 선뜻 대답할 수 없습니다.

> 시간은 무엇입니까?
> 만약 아무도 저에게 묻지 않는다면 저는 압니다.
> 그러나 만약 제가 그것을 묻는 사람에게
> 설명하려고 하면 저는 알지 못합니다.
> - 아우구스티누스 〈고백록〉 中

시간이 그 자체로 존재를 말할 수 있는 것이 아니라, 오로지 우리의 정신 속에서만 확인할 수 있기 때문입니다. 시간의 존재에 대해 회의적인 자들은 이렇게 주장하기도 합니다. "무엇인가 존재한다고 말하려면 그것을 측정할 수 있어야 하는데, 시간은 흘러가는 것이기에 결코 측정할 수 없으며, 그러므로 시간은 존재하지 않는다." 아우구스티누스는 회의론자의 입장을 반박함으로써 시간의 존재를 설명합니다. 그는 우리가 과거를 이야기하거나, 미래를 예측하는 한, 과거나 미래가 존재한다고 말할 정당한 권리가 있다고 주장합니다.

아우구스티누스는 지나간 일은 이미 존재하지 않고, 일어날 일은 아직 존재하지 않기에 과거와 미래가 존재한다면 오직 현재로서가 아니면 존재하지 않을 것이라 말합니다. 그에게 과거, 현재, 미래는 과거에 대한 현재, 현재에 대한 현재, 미래에 대한 현재라는 세 가지 시간으로 존재합니다. 어쩌면 그래서 인간은 현재를 살면서도 항상 지나간 과거에 얽매이고, 오지 않은 미래를 염려하는지도 모르겠습니다.

✛ ○ ✕

누군가에겐 야속한 시간

프랑스 철학자 폴 리쾨르Paul Ricœur 역시 시간에 대해 고민했습니다. 리쾨르는 〈시간과 이야기〉라는 책에서 "과거는 이미 지나가 버렸고 미래는 아직 오지 않았기 때문에 우리가 인식하고 측정할 수 있는 시간은 오직 현재밖에 없다"라고 말한 아우구스티누스의 시간 개념을 '이야기'로 확장합니다. 리쾨르에게 이야기narrative는 단순히 사건의 나열이 아니라, 시간적 경험을 해석 가능한 형태로 만들고 전달하는 행위입니다. 리쾨르는 시간을 과거에 대한 기억, 현재에 대한 직관, 미래에 대한 기대라는 인간의 인식이 작동한 결과라고 말한 아우구스티누스의 주장을 이야기에 적용하여 설명합니다. 리쾨르에 따르면 서로 사랑을 다짐하는 연인이 "사랑해"라고 속삭일 때 그 말은 과거, 현재, 미래를 모두 포함합니다. 사랑하는 사람과 함께한 사건이 담긴 기억(과거), 지금 사랑하는 사람을 바라보는 직관(현재), 앞으로 펼쳐질 장밋빛 기대(미래)가 고스란히 담겨 있는 것이죠. 그래서 사랑하는 누군가를 잃어버렸다면, 그 사람과 함께한 과거, 현재, 미래의 모든 시

> ✶
> 인생은 나에게 살인보다 더 나쁜 짓을 저질렀다.
> 보상받을 수 없는 것들을 내게서 빼앗아 갔다.
> 나는 이제 이렇게 말한다.
> "나의 적이여! 그대는 나의 청춘과 환상과
> 내가 가장 사랑하는 사람들을 죽였다.
> 나의 소꿉친구, 행복한 정신을 그대는 빼앗아 버렸다."
> – 차라투스트라는 이렇게 말했다 中

간을 함께 잃어버린 것이라고 할 수 있습니다. 함께했던 수많은 시간이 한 순간에 연기처럼 사라질 수밖에 없다는 사실이 서글프게 다가옵니다. 그래서 시간은 누군가에게는 참 야속하게 느껴지는 거겠지요.

÷ ○ ✕

시간을 붙잡아 두는 능력

인간은 누구나 시간을 인식할 수 있습니다. 우리가 흘러가는 시간을 경험할 수 있는 이유는 그것을 잡아둘 수 있는 능력이 있기 때문입니다. 인간은 과거를 현재로, 현재를 현재로, 미래를 현재로 모든 사건을 붙잡아 두는 능력이 있습니다. 리쾨르는 이를 '이야기를 구성할 수 있는 능력'이라고 말합니다. 흔히 우리는 사건이 발생하면 우리가 이를 받아들인다고 생각합니다. 하지만 실제로는 우리가 사건을 인지하는 능력이 있기에 사건이 사건으로 존재할 수 있는 겁니다. 그래서 똑같은 사건을 겪더라도 사람마다 전혀 다른 감정과 경험을 갖게 되죠. 내가 어떤 사건을 행복하게 느끼거나, 혹은 불행하게 느끼는 이유는 행복한 사건과 불행한 사건이 따로 있어서 그런 것이 아닙니다. 내 마음이 그렇게 받아들이기 때문입니다. 내 마음의 이야기는 말이나 글로 표현될 수 있습니다. 만약 내가 쓰는 말이나 글에 과거, 현재, 미래가 붙박여 있다는 것을 받아들인다면, 내 말과 글 속에 나의 성장 과정이 고스란히 들어있다고 할 수 있습니다. 그러니 이제 자신의 마음이 어떤지 알기 위해 우리가 할 수 있는 일은, 어제의 말과 오늘의 말 사이가 어떻게 다른지 세밀하게 들여다보는 것입니다.

÷ ○ ✕

니체가 말아주는 회귀물

우리 인생은 길게 잡아 100년 정도입니다. 죽음 이후에 어떤 세상이 있을지(또는 없을지) 아무도 알 수 없습니다. 만약 똑같은 인생이 무한하게 반복된다고 가정해 볼까요? 그것을 멀리서 보면, 세로로 끝을 알 수 없는 길쭉한 선이 됩니다. 영원처럼 길다고 여겼던 우리 인생은 멀리서 보면 순간에 불과합니다. 반면 찰나에 불과하다고 여겼던 지금 순간이 오히려 무한하다는 것을 알 수 있습니다. 그렇습니다. 순간이 영원입니다.

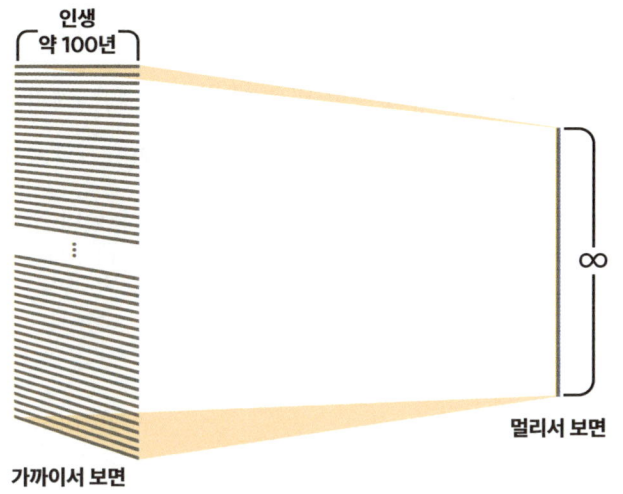

이것이 바로 니체가 말하는 영원회귀永遠回歸 사상입니다. 영원회귀란 말 그대로 '모든 것은 영원히 되돌아온다'는 뜻입니다. 한 평생을 살아가며 경험하는 기쁨, 슬픔, 노여움, 즐거움의 모든 사건이 같은 순서로 영원히 되풀이된다는 것입니다. 지금과 같은 부모님의 자식으로 태어나, 다시 똑같은 어린 시절을 보내고, 똑같은 대학을 졸업하여 똑같은 직업을 갖고, 똑같은 사람과 연애하고 결혼하고, 결국 같은 이유로 같은 날짜에 죽음을 맞이합니다. 이렇게 똑같은 일이 영원히 되풀이된다고 가정하는 것이 영원회귀라는 니체의 사상적 실험입니다.

자, 책을 잠깐 덮고 지금까지 살아오며 겪은 나의 일생을 순서대로 떠올려 봅시다. 만약 그동안 살아왔던 삶과 동일한 삶을 앞으로 끊임없이 반복하며 무한 번 살아가게 된다면, 여러분은 지금 이 순간을 어떻게 살 건가요? 지금까지 해왔던 것처럼 그냥 나태하고 무기력하게 살아갈 건가요? 지금 내가 보낸 순간이 앞으로 영원히 반복된다고 하더라도, 오늘을 어제와 똑같이 살 건가요?

> ✱
> 일체는 가고 일체는 되돌아온다.
> 존재의 수레바퀴는 영원히 돌아간다.
> 일체는 죽고 일체는 다시 꽃을 피운다.
> 존재의 해는 영원히 되풀이된다.
> - 차라투스트라는 이렇게 말했다 中

순간과 영원의 변증법

니체의 영원회귀 사상은 우리를 다음의 질문 앞에 서도록 만듭니다. "모든 것이 영원히 되풀이되더라도 당신의 삶을 사랑할 것인가?" 영원회귀는 '지금 이 순간'과 '인생 전체'의 관계를 완전히 뒤집어 놓습니다. 한없이 길다고 여겼던 우리의 일생보다, 찰나에 불과하다고 여겼던 지금 이 순간이 더 깁니다. 물론 동일한 순간이 영원히 되풀이된다는 가정이 생성과 변화를 부정한다는 의미는 결코 아닙니다. 오히려 생성과 변화를 긍정하며, 지나가는 것을 긍정합니다. 지금 순간이 영원하면 다음 순간도 영원할 테니까요. 지금 순간에 실패했다면, 다음 순간에 다시 최선을 다하면 됩니다.

차라투스트라가 짚고 다니는 지팡이에는 뱀의 머리가 자기 꼬리를 물고 있는 형상이 새겨져 있다고 합니다. 이는 생성이란 무한하게 반복하는 순환 운동이며, 그 운동 자체가 존재를 상징한다는 의미가 담긴 형상입니다. 존재being가 곧 생성becoming입니다. 생성과 변화가 반복된다는 영원회귀에 주목하면 천국이나 유토피아에 대한 공허한 열망도 타당성을 상실합니다. 무언가 영원한 것이 있다면, 그건 지금 순간뿐입니다. 우리 인생에 최종적인 목적이나 목표 같은 건 없습니다. 삶이란 그저 생성과 변화의 반복입니다. 마치 오늘의 해가 지면 내일 다시 새로운 해가 떠오르는 것처럼요. 그러니 다만 이 질문을 다시 곱씹어 봅니다.

"모든 것이 영원히 되풀이되더라도
나는 나의 삶을 사랑할 수 있을까?"

혹시 희랍 신화 속 시시포스 이야기를 알고 있나요? 시시포스는 신들을 속여 죽음을 피한 죄로 산 정상으로 커다란 바위를 밀어 올리는 벌을 받았죠. 바위가 정상에 도착하면 곧바로 아래로 굴러떨어지기 때문에 처음부터 다시 시작해야 합니다. 시시포스가 받은 벌은 고통의 영원한 반복입니다. 매일 똑같은 일상을 반복하는 우리 삶도 어쩌면 그와 같을지 모릅니다. 그렇기에 영원회귀라는 끔찍한 반복을 긍정적으로 대면한 니체야말로 긍정의 철학자가 아닌가 싶습니다.

인간은 유한한 신체를 타고났기에 언젠가 모두 죽습니다. 고대 로마 황제 마르쿠스 아우렐리우스 Marcus Aurelius Antoninus 는 이렇게 말했습니다. "삶은 전쟁이고 나그네가 잠시 머무는 곳이며 죽고 나면 명성은 잊힌다." 하지만 한 인간이 소망했고 그래서 축적했던 고귀한 사상은 후대까지 기록되어 시대를 초월한 사회적 생명으로 남기도 합니다. 세종대왕이나 이순신 장군을 생각해 보세요. 역사가 증명하듯, 비록 육체는 늙고 병들어 죽을지라도 영원히 죽지 않는 맑은 영혼이 있습니다. 그리고 이 영혼이야말로 우리 인류를 지탱하는 선험적 조건이 됩니다. 여러분, 영원히 기억되는 삶을 살고 싶지 않습니까?

집착과 기대를 버려라.

누구나 추억 속 어느 순간으로 미치도록 돌아가고 싶어질 때가 있습니다. 그래서인지 소설이나 영화에서 과거로 돌아가 2회차 인생을 사는 소재가 참 많죠. 과거로 돌아갈 수 있다면 실수를 바로잡거나, 지금은 볼 수 없는 그리운 사람을 만날 수 있을 겁니다. 그러나 현실은 다릅니다. 이미 지나간 과거에 대해 우리가 할 수 있는 일은 아무것도 없습니다. 과거로 돌아갈 수 없기 때문입니다. 우리가 할 수 있는 일이라곤 과거를 기억해 내는 것이 전부입니다. 과거를 기억한다는 것은 기억의 흔적을 지금의 시공간으로 불러오는 일과 같습니다. 하지만 우리가 불러오는 기억 속 과거는 불완전합니다. 대상에 대한 당사자의 관점과 기억력에 따라 과거는 얼마든지 달라질 수 있습니다.

연인과 다투었던 순간을 한번 떠올려 보세요. 이러쿵저러쿵 불확실한 과거의 기억을 끌어오다가 별것도 아닌 일을 더욱 복잡하게 만들어 버릴 때가 많습니다. 불완전한 과거에 지나치게 얽매이면서 현재를 희생하는 것만큼 안타까운 일은 없습니다. 바꿀 수 없는 과거에 집착하다 소중한 현재를 유예한다면 이는 현명하다 할 수 없습니다.

> ✳
> **단지 사람들은 다가오지 않는 내일을 위해 살고 있다.
> 모레는 감히 예측할 수 없기에 오직 내일을 그리워한다.**
> - 힘에의 의지 中

한편 아직 오지도 않은 미래에 집착하며 살아가는 사람도 있습니다. 내일의 목표를 향해 인생의 속도를 140km/h로 설정한 채 앞만 보고 달리는 사람이 있다고 해볼까요? 그런데 너무 빠른 속도로 달리다가 그만 사고가 나서 더 이상 빠르게 달리지 못하게 되었습니다. "어쩌지, 정말 큰일 난 거 아니야?" 그런데 그가 어쩔 수 없이 인생의 속도를 30km/h로 감속하자 비로소 이전에는 미처 보지 못했던 하늘과 주변 풍경이 보이기 시작했습니다. 인생은 숨 가쁜 100m 달리기도 아니고, 42.195km를 쉼 없이 달려야 하는 마라톤도 아닙니다. 인생은 그저 자신이 가고자 하는 방향으로 가고 싶은 만큼만 걷는 산책입니다. 다가올 미래를 위해 현재를 저당 잡힌다면 이는 과거에 대한 집착만큼이나 어리석은 일입니다.

+ ○ ×

일상 없이 축제도 없다.

"지금을 지금답게 살기 위해서
어떻게 해야 할까?"

우리는 과거로 돌아갈 수 없고, 미래를 앞당겨 살 수도 없습니다. 그래서 니체는 영원회귀 사상을 통해 '화살처럼 일직선으로 나아가는' 시간 개념에 대해 이의를 제기한 것입니다. 영원회귀는 우리가 지금 이 순간을 몇 번이고 다시 살 수 있다는 의미라기보다, 오히려 거기에서 달아날 수 없음을 뜻합니다. 그렇기에 우리는 현재를 현재답게 살아야 합니다. 시간을 소유하는 것이 아니라, 시간을 의미 있게 받아들여야 합니다. 우리는 평소에 습관처럼 이렇게 말하곤 합니다. 시간이 부족하다. 시간에 쫓긴다. 시간이 남는다. 시간이 지나간다. 대체로 시간을 양적으로 인식합니다. 심지어 우리는 시간을 소유하고자 하는 욕망을 노골적으로 드러냅니다. 시간이 아깝다. 시간을 뺏겼다. 시간을 벌었다. 시간을 채운다. 그러나 시간을 양적으로만 인식할 수 있는 건 아닙니다. 시간은 양적 시간과 질적 시간, 두 가지로 구분할 수 있습니다. 양적 시간을 뜻하는 크로노스chronos와 질적 시간을 뜻하는 카이로스kairos가 그것입니다.

먼저 크로노스는 모든 사람에게 똑같이 적용되는 물리적 시간입니다. 말하자면 일직선으로 흐르는 시간이죠. 다음으로 카이로스는 사람마다 다른 의미로 적용되는 시간입니다. 새학기 첫날, 처음으로 비행기에 탔던 순간, 첫 키스 등 특별한 경험은 사람마다 다르게 기억됩니다. 삶의 의미를 만드는 것은 크로노스가 아니라 카이로스입니다. 인간은 흘러가는 시간인 크로노스에 순응하지 않고, 의미 있는 시간을 만들어 낼 수 있는 카이로스적 존재입니다. 물론 그렇다고 해서 카이로스만 중요하고 크로노스는 중요하지 않다는 뜻은 아닙니다. 일상의 크로노스적 시간 속에서 특별한 카이로스적 의미를 찾아야 한다는 거죠. 우리의 일상이 새로움과 유의미함, 특별함만으로 채워진 것이 아니기 때문입니다. 생각해 보면 카이로스의 시간보다 크로노스의 시간이 더 깁니다. 사랑의 불꽃보다는 권태의 지루함이 더 길고, 합격의 기쁨보다 공부의 고통이 더 긴 것처럼 말이죠. 다만 축제가 특별한 이유는 반복된 일상이 있기 때문 아닐까요?

✢ ○ ✕

인생 2회차처럼 살기

인간은 내일 열매를 얻기 위해 오늘 한 그루의 사과나무를 심는 존재입니다. 우리는 어떤 선택의 여지도 없이 '지금'이라는 특정한 역사적 세계에 던져져 있기에, 늘 과거의 지배를 받습니다. 그리고 아직 결정되지 않은 자신의 존재 가능성을 기획plan하며 살아가고자 하는 미래적인 존재이기도 합니다. 동시에 생생한 지금 이 순간을 살아가고 있습니다. 과거, 현재, 미래는 인식 편의상 나눌 수 있긴 하지만, 세 가지 시간은 언제나 하나로 섞여 있습니다. 그래서 우리는 과거를 기반으로 미래를 향해 '지금, 여기now, here'에서 무언가를 할 수밖에 없습니다. 아무 데도 없다는 뜻의 영어 단어 nowhere 중간에 쉼표를 하나 찍으면 now, here로 바뀝니다. 쉼표 하나로 아무 데도 없는 '그곳'을 바로 앞에 있는 '이곳'으로 만들 수 있습니다. 아무 데도 없는 이상향을 지금 여기의 현실로 만드는 쉼표의 정체는 무엇일까요? 그것은 다른 무엇도 아닌, 이상향을 현실로 만들겠다는 우리의 실존적 선택입니다. 나는 소설 〈그리스인 조르바〉의 다음 대목을 읽을 때마다, 인생을 2회차처럼 사는 것은 바로 이런 것인가 생각하곤 합니다.

나는 어제 일어난 일은 생각 안 합니다.
내일 일어날 일을 자문하지도 않아요.
내게 중요한 것은 오늘, 이 순간에 일어나는 일입니다.
나는 자신에게 묻지요.
'조르바, 지금 이 순간에 자네 뭐하는가?'
'잠자고 있네.'
'그럼 잘 자게.'
'조르바, 지금 이 순간에 자네 뭐 하는가?'
'일하고 있네.'
'잘해보게.'
'조르바, 자네 지금 이 순간에 뭐 하는가?'
'여자에게 키스하고 있네.'
'조르바, 잘 해보게. 키스할 동안 딴 일일랑 잊어버리게.
이 세상에는 아무것도 없네. 자네와 그 여자밖에는.
키스나 실컷 하게.'
- 니코스 카잔차키스 〈그리스인 조르바〉 中

네 번째

삶을 예술처럼 살라

비극의 효과

우리에게 삶이 무엇인가 가르쳐 주는 것은 언제나 행복이 아니라 슬픔입니다. 누구나 행복을 바라지만, 그것을 바라는 만큼 고통과 슬픔이 찾아옵니다. 있는 힘껏 노력해도 실패할 때가 있고, 내가 올린 성과에 대한 적절한 보상을 받지 못하기도 합니다. 때로는 소중한 사람을 잃게 되어 가슴 아픈 시간을 보내기도 하죠. 이런 일이 있을 때마다 고통과 슬픔이 살그머니 뒤로 다가와 나를 껴안습니다. 이 포옹에 삶이 고통과 슬픔으로 수놓아져 있다는 것을 온몸으로 깨닫습니다. 그리고 바로 그 사실이 우리에게 삶의 존재 이유를 가르쳐 줍니다.

고대 희랍인은 희극이 아니라 비극에서 삶의 소중함과 위대함을 발견했습니다. 비극은 글자 그대로의 해석처럼 단지 슬픈 이야기가 아닙니다. 파국적 결말과 더불어, 현실적 모순에 놓인 훌륭한 사람의 비통하고 장엄한 일화가 포함되어야 합니다. 아리스토텔레스는 비극의 효과가 공포나 슬픔에서 벗어나거나 자신의 감정을 정화하는 데에 있다고 주장했습니다. 반면 니체는 비극의 효과는 삶에서 힘들고 어려운 문제에 직면하더라도 삶 그 자체를 긍정하는 힘을 주는 데에 있다고 말했습니다. 아리스토텔레스는 슬픈 결말에 주목했고, 니체는 현실적 모순의 극복 과정에 주목한 것입니다.

÷ ○ ×

내가 S면 넌 나의 N이 되어줘.

니체는 그의 나이 스물여덟에 쓴 첫 번째 작품 〈비극의 탄생〉에서 '아폴론적인 것'과 '디오니소스적인 것'이라는 두 가지 개념을 통해 이상과 현실이라는 삶의 양면성을 표현합니다. 나아가 두 가지 개념을 종합하여 삶의 양면성을 극복하고자 했죠. 그러면 '아폴론적인 것'과 '디오니소스적인 것'은 무엇일까요?

먼저 아폴론적인 것은 비극의 주인공이 목숨을 걸고 실현하고자 하는 삶의 이상, 그가 꿈꾸는 세계 또는 이념을 실현하고자 하는 의지입니다.

디오니소스적인 것은 비극의 주인공이 몸담고 있는 현실 세계, 그 세계가 요구하는 것, 그것을 실현하려는 의지입니다. 그리고 현실 세계에서 이상을 실현하고자 하는 것을 아폴론적인 것과 디오니소스적인 것의 종합이라 부릅니다. 디오니소스적 종합은 〈비극의 탄생〉의 핵심적인 문제의식입니다. 요즘 많이들 이야기하는 MBTI에 빗대어 말하자면, 아폴론적인 것은 N(직관형)에 가깝고 디오니소스적인 것은 S(감각형)에 가깝다고 할 수 있습니다. 디오니소스적 종합이란 결국 S인 디오니소스적인 것이 N인 아폴론적인 것을 포섭하는 것이라 표현할 수 있습니다.

✦

우리는 아폴론적인 것과 디오니소스적인 것을
서로 대립하는 예술적 힘이라 생각한다.
그런데 예술적 힘은 예술가인 인간이 이를 표현하기 이전에
자연에 의해 표출되며 그럼으로써
예술적 본능은 우선적이고 직접적으로 충족된다.
하나는 꿈속에서 나타나는 영상을 통해
충족되는 바 영상은 완벽 자체이며
개인의 지적 수준이나 예술적 교육 정도와 전혀 무관하다.

> 다른 하나는 현실 세계에서 체험하는
> 황홀한 도취를 통해 충족되는바
> 개인을 또한 고려하지 않으며
> 개별자를 파괴하고 혼연일체의 신비적 체험을 통해
> 개별자를 다시 구원하고자 한다.
> 자연이 이렇게 직접적으로 예술을 구현한다고 할 때
> 예술가는 다만 '모방자'인 바
> 그는 아폴론적 혹은 꿈의 예술가이거나 아니면
> 디오니소스적 혹은 도취의 예술가, 아니면 끝으로,
> 예를 들어 희랍 비극에서 볼 수 있는 것처럼
> 꿈과 도취의 예술가다.
> ─ 비극의 탄생 中

✢ ○ ✕

아폴론적 충동, 디오니소스적 충동

〈비극의 탄생〉을 관통하는 니체의 문제의식을 한마디로 정리하면 이렇습니다.

> "어떻게 하면 형이상학적 원리(이념)를
> 현실 세계에서 구현할 수 있는가?"

니체가 말하는 형이상학적 원리는 거창한 사상이나 복잡한 철학이 아닙니다. 삶의 이상이나 목적, 인간상처럼 개인, 조직, 나라, 시대가 궁극적으로 지향하는 바람을 말합니다. 개인의 성공, 조직의 발전, 나라의 번영, 시대의 정신 등이 구현된 이상적인 모습입니다. 간단히 말해 우리가 꿈꾸는 모든 것입니다. 여기서 핵심은 니체가 형이상학적 원리 자체를 강조한 것이 아니라, 그것을 현실 세계에서 어떻게 구현할 것인가에 주목했다는 점입니다.

니체는 고대 희랍의 비극 작품에서 실마리를 찾아냈습니다. 니체는 〈비극의 탄생〉에서 비극을 '아폴론적인 영상을 디오니소스적인 합창으로 표현하는 망아도취 상태'라고 묘사합니다. 아폴론적인 것과 디오니소스적인 것은 서로 대립하는 예술적 충동입니다. 두 가지 충동은 마치 동전의 양면처럼 따로 분리할 수 없으며, 각자 고유한 성격을 갖고 있습니다. 이 두 가지 충동은 단독으로 힘을 발휘하는 것이 아니라 변증법적 종합을 통해서만 그 힘이 발휘됩니다. 그래서 니체는 비극이란 아폴론적인 것과 디오니소스적인 것, 두 가지 충동이 각각의 고유한 성격을 잃지 않으면서 동시에 양자가 최대한 통일성을 이룩한 결과물이라고 말합니다. 니체가 보기에 비극이라는 창조적인 예술 행위는 표현할 수 없는 이상 세계를 '지금, 여기'로 가져오는 역할을 합니다. 다시 말해 니체는 이상 그 자체를 추구하는 것이 아니라, 현실에서 이상의 실현을 강조한 것입니다.

✢ ○ ✗

니체의 형이상학적 도식

비극은 이상과 현실의 간극에서 생기는 역설을 관객에게 전달하여 스스로 자신의 삶을 반성할 수 있는 계기를 마련합니다. 비극을 보면 주인공이 자신의 이상을 실현하기 위해 고난을 무릅쓰는 장면이 나옵니다. 비극을 통해 주인공이 꿈꾸는 이상적인 모습을 어떻게든 각자의 삶에서 구현하려 했던 희랍인들의 다짐이 느껴지는 대목이지요. 공감 능력이 뛰어난 니체는 여기에서 삶의 이념(지혜, 용기, 정의, 절제 등)을 실현하는 전형적인 모습을 발견했습니다. 그래서 니체는 비극을 이념 실현의 수단으로 생각합니다. 비극이야말로 아폴론적인 것과 디오니소스적인 것이 종합된 구조를 가졌기 때문입니다.

니체가 〈비극의 탄생〉에서 아폴론적인 것, 디오니소스적인 것,

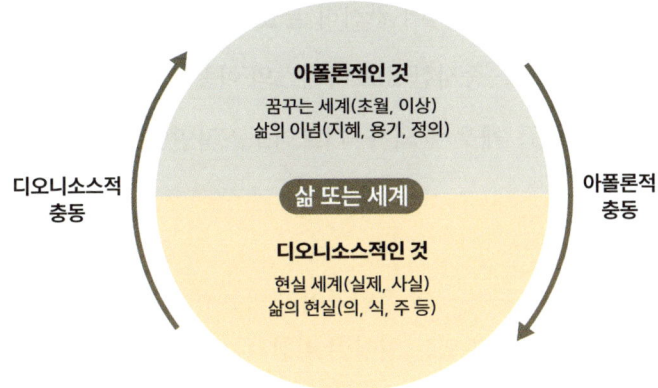

니체의 형이상학적 도식

그리고 두 가지 충동의 종합을 통해 독자에게 말하고자 한 것은 무엇일까요? 니체는 이성, 언어, 관념과 같은 아폴론적인 것을 편파적으로 강조하는 기존의 가치체계를 뒤엎고자 했습니다. 그는 현실 세계를 '디오니소스적 세계'라고 부르며 종합의 중심을 아폴론적인 것이 아니라 디오니소스적인 것에 둡니다. 니체의 관심은 플라톤 이후 서양 철학이 줄곧 그래 왔던 것처럼 이성이나 이념 같은 형이상학적 망령이 무엇인지 설명하는 데 그치지 않습니다. 니체는 오히려 그 형이상학적인 것을 현실에서 어떻게 실현할 수 있는가에 중점을 두었습니다. 그래서 니체는 소크라테스 출현 이후 희랍의 비극이 완전히 끝났다고 말한 것입니다. 이성적 사고와 논리를 중시한 소크라테스의 아폴론적 철학이 희랍의 폴리스를 가득 채우게 되자, 디오니소스적인 것은 몰락하고 말았습니다.

> "인간을 비극의 주인공이라 하는 이유는
> 우리가 살고 있는 현실이 비참해서가 아니라
> 결코 실현할 수 없는 이념을 마음에 품고 있지만,
> 차마 그것을 포기할 수 없기 때문이다."

+ ○ ×

빠져드는 상태

인기 아이돌 그룹 뉴진스NewJeans의 노래 제목 〈Supernatural〉은 우리말로 번역하면 '초자연적인'이라는 뜻입니다. 초자연적이라는 말은 과학적으로 설명할 수 없는 현상이나 능력을 가리키죠. 서로를 향해 뛰는 심장박동과 거부할 수 없는 인연을 노래하는 가사는 사랑에 빠지는 순간을 전하고 있습니다. 어쩌면 사랑에 '빠진다'는 건 과학이나 이성으로 설명할 수 없는 초자연적인 현상이기에 이 같은 제목을 붙인 것이 아닐까요?

니체 역시 '빠져드는 상태' 즉 도취를 중요하게 생각합니다. 그래서 니체는 비극의 주인공에게 완전히 빠진 나머지, 마치 자신이 비극의 주인공이 된 것처럼 느끼는 망아도취忘我陶醉를 강조합니다. 망아도취는 자신을 잊고 비극의 주인공과 자신을 분리 불가능하게 생각하는 상태입니다. 이러한 몰입을 통해 우리는 더 밀도 있는 삶을 살 수 있고, 더 온전한 삶에 다가갈 수 있습니다. 그러나 무언가에 도취한 상태가 필요하다고 해서 항상 그렇게만 살 수는 없겠지요. 가령 숏폼 콘텐츠를 과도하게 소비하는 도파민 중독이나 술, 담배, 커피 같은 약물 중독 현상은 빠져드는 정도가 심해지면 반드시 문제가 생깁니다. 그래서 무언가에 빠져드는 상태가 있다면, 반드시 깨어나는 상태도 있어야 합니다.

빨간 알약의 이름은? 소버

도취의 반대로 소버sober라는 말이 있습니다. 사전에는 '술이 깨다'라고 되어 있는데요. 술뿐만 아니라 유혹, 환상, 착각에 취해 있던 상태에서 깨어나 온전한 정신을 회복한 상태를 소버라고 합니다. 영화 〈매트릭스〉를 보면 주인공 네오는 여태까지 자신이 진짜라고 믿었던 세계가 사실 가상현실인 매트릭스였다는 것을 깨닫게 되죠. 진실을 알게 된 네오의 앞에 파란 알약과 빨간 알약이라는 두 가지 선택지가 놓입니다.

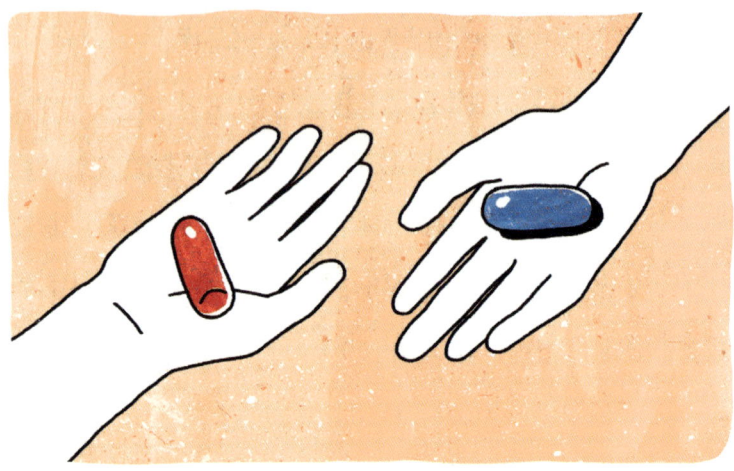

파란 알약을 고르면 이제까지와 다름없이 살던 대로 살 수 있습니다. 하지만 네오는 빨간 알약을 선택함으로써 가상현실에서 벗어나 진정한 현실 세계로 돌아갑니다. 가상현실 속에서 진짜 현실을 인식할 수 있는 인간은 없습니다. 매트릭스라는 가상현실의 꿈에서 깨어난 자들만 세상을 바꿀 수 있습니다. 만일 주인공 네오의 상황에 몰입하여 그의 입장에 서서 진지하게 고민한 관객이 단 한 명이라도 있다면, 영화 〈매트릭스〉도 한 편의 비극이라고 부를 수 있지 않을까요?

÷ ○ ×

우리는 여전히 취해 있다.

아무리 나이가 들고, 다양한 경험을 쌓았더라도, 인간은 유혹에 흔들리게 되어 있습니다. 오죽하면 공자가 마흔 살의 이상적 경지를 불혹 不惑 이라고 말했겠습니까? 불혹은 그릇된 의견이나 유혹에 마음이 흔들리지 않는다는 뜻이지요. 그렇다면 유혹에 흔들리지 않는 삶이란 무엇일까요? 삶에서 유혹에 흔들리지 않는다면 이는 자기만의 삶의 기준이 있기 때문입니다. 현명한 사람은 자신의 기준이나 취향이 명확한 사람입니다. 물론 내가 하는 모든 선택에는 어쩔 수 없이 후회가 남을 수밖에 없습니다. 삶은 언제나 그렇듯이 생각처럼 흘러가지 않으니까요. 그럼에도 니체가 말한 것처럼, 자신의 운명을 받아들이고 또 사랑해야 합니다. 그렇게 하루하루 조금씩 나아갈 뿐이죠.

부끄러운 말이지만, 얼마 전까지도 나는 정신이 멀쩡한 날보다 알코올에 취해 있는 날이 더 많았습니다. 로또에 당첨되는 달콤한 행운의 꿈에 취하기도 합니다. 때로는 잘못된 관계에 취해 거기서 좀처럼 벗어나지 못한 채 서로의 마음을 갉아먹기도 합니다. 우리는 언제쯤 이 모든 취해 있는 상태에서 벗어나 온전한 정신을 회복할 수 있을까요?

✳
인간들은 숭고하고 황홀한 순간을 맛보는 대가로,
그들의 신경을 소모적으로 낭비하기 때문에
일상적으로는 비참하고 무력한 기분에 사로잡혀 있다.
- 아침놀 中

┼ ○ ✕

예술의 어원

인생은 짧고 예술은 길다.
Vita brevis est, ars longa

    의학의 아버지 히포크라테스가 남긴 명언입니다. 이 말은 'ars'의 의미에 따라 그 해석이 달라집니다. 라틴어 ars는 예술을 의미하는 영어 art의 어원인데요. 희랍어 테크네techne에서 유래했습니다. 테크네는 기술craft과 예술art을 모두 아우르는 단어입니다. 고대 희랍의 그릇 장인은 그릇을 만든 다음 그 위에 아름다운 문양을 새겼습니다. 이들의 작업에는 소위 말하는 기술과 예술이 고스란히 포함되어 있습니다. 히포크라테스가 ars를 말했을 때는 오늘날과 같이 기술과 예술을 구분하지 않았을 것입니다. 현대의 관점에서 히포크라테스는 의사이기에 그가 말하는 ars는 예술보다 기술에 더 가깝습니다. 그러므로 위에서 언급한 라틴어 문구는 사실 "인생은 짧고 배워야 할 의술은 많다"로 번역해야 합니다. 한편 테크네에 논리라는 의미의 로고스logos를 붙인 테크놀

로지technology라는 단어의 경우 예술이라는 의미는 없어지고 기술의 의미만 남아있습니다. 이처럼 말은 시대에 따라 의미가 변하기 마련이므로 어원을 쫓아가야 본래 의미를 알 수 있습니다.

> ✦
> 예술은 삶의 위대한 자극제이다.
> 그런데 어떻게 해서 그것을
> 목적과 목표가 없는 것으로서,
> 예술을 위한 예술로서 이해할 수 있단 말인가?
> – 우상의 황혼 中

✚ ◯ ✕

만들어진 자, 만드는 자

사전에서는 예술을 '아름다운 작품을 형성하는 인간의 창조 활동'으로 정의하고 있습니다. 예술가의 활동과 그의 작품이 추구하는 바는 아름다움입니다. 그런데 니체는 '새로운 의미를 만드는 모든 해석 활동'을 예술이라고 말합니다. 예술가의 활동과 작품이라는 좁은 의미에서 벗어나, 예술의 범위를 인간사 전반으로 넓힌 것입니다. 니체가 말한 대로 예술을 본다면, 아름다움은 단순히 필요한 무언가를 만드는 것 이상의 의미를 갖습니다.

다수의 종교에서 인간을 신에 의해 '만들어진' 존재로 봅니다. 물론 스스로 과학적 진리라고 내세우는 잘나가는 이론의 입장에서 인간이 만들어졌다는 말은 한낱 헛소리(가설)에 불과합니다. 하지만 그들의 주장과 달리 우리가 사는 세상은 눈에 보이는 것(데이터)만이 전부는 아닙니다. 다만 누구도 부정할 수 없는 한가지는 인간이 이 세상에 던져진 것이 자신의 의지가 아니라는 점입니다. 그러니 그 원인이 신이든, 다른 초자연적 힘이든 관계없이, 인간이 '만들어진 자'인 점은 확실한 것 같습니다.

인간을 규정하는 표현 중에 호모 파베르 Homo faber 라는 말이 있습니다. 동물과 달리 도구를 만들고 사용하는 인간의 특징에 초점을 맞춰 '만드는 인간'이라는 뜻을 담은 단어입니다. 여기에는 인간이 무언가를 만들어 내는 것에서 자신의 존재 가치를 느낀다는 의미가 포함되어 있습니다. 그러니 인간을 '만드는 자'라고 말할 수도 있겠네요. 인간은 만들어진 자이며 동시에 만드는 자인 셈입니다.

아름다움의 진짜 의미

인간이 만든 것은 주로 어떤 목적으로 사용되기 위해 존재합니다. 하지만 그것에 오직 실용적인 기능만 있는 건 아닙니다. 어머니가 차려준 밥상을 떠올려 볼까요? 어머니의 밥상에는 자식을 생각하는 어머니의 다정한 마음, 밥과 반찬을 만들기까지의 사랑스러운 손길, 그리고 이 모든 것을 함께 나누고자 하는 너그러운 정신이 반영되어 있습니다. 이처럼 우리 삶에서 필요한 것 그 이상을 추구할 때 무언가 특별한 가치가 생깁니다.

사람은 누구나 보상을 기대하며 일합니다. 그런데 소득보다도 일 자체의 즐거움을 먼저 따지는 사람이 있습니다. 그들은 더 많은 돈을 준다고 해도 일 자체가 마음에 들지 않으면 절대 움직이지 않습니다. 니체는 〈즐거운 학문〉에서 이런 부류의 사람을 예술가와 철학자라고 말합니다. 이들은 일하는 과정을 즐기며, 그 과정에서 적당한 타협을 하지 않고 끊임없이 최선을 다함으로써 결국은 플러스알파의 가치를 만들어 냅니다. 어느 정도만 해도 충분하지만, 거기서 더 나아가 자기가 맡은 일을 더 완성도 있고 가치 있게 만들고자 하는 그 사람의 마음은 무엇일까요?

> "필요한 것 그 이상의 것을
> 아름다움이라고 부른다.
> 그리고 아름다움을 추구하는 것은
> 인간의 본성이다."

÷ ○ ×

삶을 예술로 사는 법

진선진미
眞善眞美

〈논어〉에 나오는 말로 더할 나위 없이 착하고 아름답다는 뜻입니다. 진선眞善은 '결과의 아름다움'을 뜻하고 진미眞美는 '과정의 아름다움'을 뜻합니다. 먼저 진선, 결과의 아름다움은 나눔이 핵심입니다. 나누면 행복하지 않습니까? 불교에서 말하는 보시布施는 나눔의 대표적인 사례입니다. 보시의 형태는 다양하지만 크게 세

가지 유형으로 구분할 수 있습니다. 조건 없이 물질적으로 도움을 주는 물질 보시, 자기 시간을 희생하여 봉사하는 노력 보시, 수행을 통해 얻은 깨달음을 나누는 법 보시입니다. 여러분이 펼친 이 책도 하나의 법 보시라고 생각하니 내가 가진 별 볼 일 없는 것이나마 나눌 수 있다는 사실에 행복해집니다. 세상에 태어나 누군가에게 한 움큼이나마 도움이 될 수 있기를 바랄 뿐입니다.

다음으로 진미, 과정의 아름다움은 의미 찾기가 핵심입니다. 누구나 자기 삶의 의미를 찾으면 행복합니다. 나의 경우에는 교사로서 강의할 때가 가장 행복합니다. 특히 수업에서 자기 삶의 의미를 찾게 된 학생을 발견하면 더할 나위 없이 마음이 뿌듯합니다. 내가 미처 알 수 없던 의미를 스스로 부여하는 학생을 마주하면 가르치는 삶이 나에게 어떤 의미가 있는지 실감합니다. 그래서 나는 교사로서 아름다운 삶을 살고 싶습니다.

니체는 그의 저서 〈우상의 황혼〉에서 '예술은 삶의 위대한 자극제'라고 말합니다. 이는 삶이 단순히 효용성이나 효율성, 효과성에 의해 이루어지는 활동이 아니라는 것을 알려줍니다. 우리 삶은 결과의 아름다움도, 과정의 아름다움도 모두 중요합니다. 사실 그저 닥치는 대로 끌리는 대로 아무렇게나 살아가도 문제는 없습니다. 하지만 주어진 삶을 어떻게 아름답게 만들어나갈 수 있을까 고민하는 사람도 있습니다. 그 과정에서 아름다움을 느낄 수 있다면, 그 삶이야말로 니체의 말처럼 '삶을 예술로 사는 것'이 아닐까요?

"Some men are born posthumously."

어떤 이들은 죽은 후에야 비로소 태어난다.

Friedrich Nietzsche

Part 3
행복과 불행의 갈림길에서

첫 번째 — 세계를 인정하라

두 번째 — 과정을 즐겨라

세 번째 — 시련을 견뎌라

네 번째 — 죽음을 똑바로 보라

첫 번째

세계를 인정하라

세상에 존재하는 행복의 개수

영화 〈카모메 식당〉은 핀란드 헬싱키에서 일본 가정식 식당을 운영하는 사치에와 그곳에 모여든 사람들의 잔잔한 일상을 담고 있습니다. 우연한 계기로 사치에의 식당에서 일하게 된 미도리는 사치에에게 이렇게 말합니다. "하고 싶은 일을 하며 산다니 부럽군요." 그러자 사치에는 대답합니다. "하기 싫은 일을 안 하는 것뿐이에요."

내가 행복해야만 행복하다는 말은 언제나 유효합니다. 지금 각자에게 주어진 행복은 선물과 같습니다. 물론 행복이 선물처럼 다른 누군가로부터 주어진다는 뜻은 아닙니다. 내가 행복하기 위해서는 바로 지금, 현재의 모습 그대로 행복하기를 선택해야 합니다. 그래서 현재와 선물을 모두 영어로 present라고 하는 걸지도 모르죠.

세상에 불행해지기를 바라는 사람이 있을까요? 아마 없을 겁니다. 인간이라면 누구나 자신의 행복을 추구합니다. 세상에 존재하는 행복이 몇 개인지 헤아려 본다면, 아마 이 세상에 있는 사람의 수만큼이나 많을 것입니다. 그런데 오늘날과 같은 무한 생존경쟁 속에서 오직 자기 행복만 추구한다면, 어쩔 수 없이 서로 충돌할 수밖에 없습니다. 나의 행복을 위해서 타인의 행복을 희생해야 한다면 과연 진정한 행복이라고 할 수 있을까요? 반대로 타인의 행복을 위해서라면 나의 행복을 희생해야 하는 걸까요? 아니, 정녕 모든 사람이 행복할 수는 없는 걸까요? 꼬리에 꼬리를 무는 의문 끝에 한편으로 '인생이 꼭 행복해야만 할까?'라는 생각도 듭니다.

불행 속에서 도리어 삶의 참뜻을 발견할 수 있다고 말하는 사람도 있습니다. 정신과 의사이자 임종 분야의 개척자인 엘리자베스 퀴블러 로스Elisabeth Kübler Ross와 그녀의 제자 데이비드 케슬러David Kessler는 임종 직전의 사람들을 인터뷰하여 엮은 책에서 우리가 불행한 이유를 다음과 같이 말합니다.

> 삶은 탄생에서 죽음에 이르는 수업과 같습니다.
> 그 수업에서 우리는 사랑, 행복,
> 관계와 관련된 단순한 진리를 배웁니다.
> 오늘 우리가 불행한 이유는 삶의 복잡성 때문이 아니라
> 그 밑바닥에 흐르는 단순한 진리를 놓치고 있기 때문입니다.
> 많은 이들이 사랑에 대해 충분히 안다고 생각하지만,
> 그럼에도 만족스러운 사랑을 발견하지 못합니다.
> 우리가 느끼는 것은 대부분 사랑이 아니기 때문입니다.
> 그것들은 두려움, 불안, 기대심리가
> 만들어 낸 허상에 불과합니다.
> 지구라는 행성 위를 함께 걸어가고 있지만
> 우리 각자는 외롭고, 무기력하고, 부끄러운 존재들입니다.
> – 엘리자베스 퀴블러 로스, 데이비드 케슬러 <인생수업> 中

╬ ○ ✕

행복이란 무엇인가?

지그문트 프로이트Sigmund Freud는 "행복은 본질적으로 주관적이고 상황에 따라 다르므로 행복에 대한 연구는 별로 쓸모가 없어 보인다"라고 결론지었습니다. 반면 아리스토텔레스는 〈니코마코스 윤리학〉에서 "인간 삶의 목적은 행복이며, 그것은 선을 행함에서 비롯된다"고 말합니다. 니체는 아리스토텔레스가 행복관의 기본 전제로 삼은 '이성=덕=행복'이라는 도식은 중대한 위조이며, 가장 지독한 왜곡이라고 비판합니다. 니체에게 인간은 삶의 상승을 추구하는 존재이기 때문입니다. 더 나은 삶을 살기 위한 힘의 증대가 삶의 목적이며, 행복이나 고통은 이에 따르는 부수적 현상에 불과하다는 거죠. 그렇다면 니체는 행복을 무어라 정의했을까요?

니체가 말하는 '삶의 상승 추구'는 현실에서 도달할 수 없는 이상적 경지를 설정하고, 이를 달성하기 위해 어제보다 더 나은 삶을 살려고 노력하는 것입니다.

> 행복이란 무엇인가?
> 힘이 증가하는 느낌과
> 저항이 극복되었다는 느낌을 느끼는 것이다.
> – 안티크리스트 中

만약 여러분이 글을 쓰는 사람이고 삶의 상승을 추구한다면 다음과 같은 모습이 되겠습니다. 글을 쓰는 일에서 현실에 존재하지 않는 최고의 경지를 꿈꾸며, 이 경지에 비추어 매일 자기 글쓰기의 품질 표준을 더 높게 갱신하려고 애씁니다. 이때 느끼는 감정이 바로 니체가 말하는 행복입니다. 작은 실천의 진지한 반복을 통해 지금보다 더 나은 자신이 될 수 있도록 조금씩 바꾸어 가는 노력, 이것이야말로 행복의 본질입니다.

÷ ○ ×

유토피아는 있기도 하고 없기도 하다?

우리는 모두 알게 모르게 유토피아를 꿈꾸고 있습니다. 많은 돈이 생기면, 취업이 되면, 시험에 합격하면, 애인이 생기면 행복해질 거라고 기대합니다. 복권에 당첨되면 인생이 활짝 피어날 것이라는 기대, 누구나 한 번쯤 하지 않나요? 살아있는 동안 언젠가는 모든 고통과 슬픔이 없는 유토피아가 올거라고 기대하는 겁니다. 그러나 니체는 "세상의 모든 존재는 자기 힘을 증대시키기 위해 서로 투쟁하므로, 우리가 사는 이 세상에서 고통이 사라질 날은 없을 것"이라 단언합니다. 그러니까 그의 말은 곧 이 세상에 유토피아가 없다는 뜻일까요? 니체는 현실에 유토피아가 있기도 하고 없기도 하다는 알쏭달쏭한 주장을 합니다.

> ✦
> 유토피아는 우리의 죽음을 기다리는 그 무엇이 아니다.
> 죽음은 저승으로 가는 다리도 아니며 초월도 아니다.
> 죽음은 단순한 껍질이며 기호이다.
> 죽음은 결코 종교적인 문제가 아니다.
> 따라서 신의 나라는 사람들이 기대하는 것과 다르다.
> 그곳에는 어제도 없고 내일도 없다.
> 천년이 지나도 그곳은 돌아오지 않는다.
> 신의 나라는 내면적 경험이다.
> 지상에서의 고통을 잊게 하는 순간적인 뉘우침이다.
> 그곳은 도처에 널려있다. 그리고 아무 데도 없다.
>
> - 안티크리스트 中

아니, 유토피아가 있으면 있고 없으면 없는 거지, 있기도 하고 없기도 하다는 건 도대체 무슨 말일까요? 그 답은 유토피아의 어원에 있습니다. 영어 utopia는 라틴어 ou(u)와 라틴어 topos(topia)의 합성어입니다.

$$utopia = ou(u) + topos(topia)$$

먼저 라틴어 ou는 '없다'는 의미입니다. 돈이 없다. 친구가 없다. 애인이 없다. 이때 돈, 친구, 애인은 우리에게 있어야 할 것입니다. 그래서 있어야 할 것의 '없음'은 우리에게 절망으로 다가옵니다. 반면 이런 상황은 어떨까요? 범죄가 없다. 슬픔이 없다. 고통이 없다. 이때 범죄, 슬픔, 고통은 없어야 할 것입니다. 그래서 없어야 할 것의 '없음'은 우리에게 희망으로 다가옵니다. 있어야 할 것이 '없으면' 현실은 지옥이 됩니다. 그리고 없어야 할 것이 '없으면' 현실은 천국이 됩니다.

다음으로 라틴어 topos는 '장소'라는 의미입니다. 여기서 말하는 장소는 단순한 물리적 공간이 아닙니다. 시간과 공간이 밀접하게 결합한 구체적인 곳을 지칭하죠. 자신만의 추억이 깃든 장소를 떠올려 봅시다. 어린 시절 부모님과 함께 살던 단칸방, 낯선 여행지에서 맞닥트린 아름다운 바닷가, 동학들과 늦은 밤까지 열띤 토론을 벌였던 레지던스호텔 방 안. 어디든 간에 그때 그곳은 우리에게 복합적인 감정을 느끼게 만듭니다. 우리가 과거를 회상하고 미래를 상상할 수 있는 이유는 이렇듯 시간과 공간이 만들어 내는 장場이 있기 때문입니다.

'없다' 그리고 '장소'가 합쳐진 말인 유토피아는 결국 '이 세상 어디에도 없는 곳'이라는 의미가 됩니다. 지상에 유토피아가 있기도 하고 없기도 하다는 니체의 말을 다시 생각해 볼까요? 이는 우리가 사는 현실 세계가 오직 절망만 있는 지옥이 아니며, 오직 희망만 있는 천국도 아님을 강조하는 말입니다. 우리가 사는 현실은 절대적 절망이나 희망으로 규정할 수 있는 시공간이 아닙니다. 이를 받아들일 때, 우리는 자신에게 주어진 소박한 현실에서 세련된 유토피아를 꿈꾸며 살아갈 수 있습니다. 한때 절망으로 여겼던 기억이 내일은 다시 희망찬 기대로 바뀔 수 있는 이유는 우리에게 주어진 현실을 극복하고자 하는 '힘에의 의지'가 있기 때문입니다. 그러니 우리는 유토피아를 찾는 여행을 멈추지 말아야 합니다.

아이유의 유토피아

당신은 나에게는 없는 것이 있는 사람입니다. 당신은 내게 지옥이 될 수도, 천국이 될 수도 있습니다. 나에게 지옥인 당신은 내가 싫어하는 것을 가진 사람이고, 나에게 천국인 당신은 내가 좋아하는 것을 가진 사람입니다. 하지만 나에게 지옥인 당신에게도 좋은 점이 있고, 나에게 천국인 당신에게도 나쁜 점이 있습니다. 그래서 누군가를 좋아하면서 그의 나쁜 점을 알기 힘들고, 누군가를 싫어하면서 그의 좋은 점을 알기란 참 힘든 것이지요.

우리가 살아가는 현실도 마찬가지로 천국과 지옥, 좋은 점과 나쁜 점이 공존합니다. 때로는 희망하고 때로는 절망하며 저마다 자신만의 간절한 꿈을 그려나갑니다. 그러니 나이가 많고 적음에 따라 청춘이라 말하지 않겠습니다. 청춘은 꿈이 있느냐 없느냐에 달려있습니다. 아무리 여러분이 20대라도 꿈이 없다면 청춘이라 할 수 없습니다. 60대가 되어서도 꿈이 있다면 당신은 청춘입니다. 꿈을 잃어버린다면 꿈꾸는 아이가 아니라 꿈이 없는 어른으로 전락하고 맙니다. 아이가 꿈꾸는 삶은 어른이 꿈꾸는 삶과 다릅니다. 우리는 아이$_i$에게만 있고, 어른인 나$_I$에게는 없는$_u$ 시공간$_{topia}$을 찾으려 노력해야 합니다. 나$_I$와 당신$_{You}$의 유토피아를 찾아 떠나는 여행을 멈추지 말아야 합니다. 아이유의 유토피아. 이 말에 살아가는 동안 언제까지나 꿈을 꾸며 살겠다는 마음을 잃지 않으려는 간절한 의지를 담아봅니다.

÷ ○ ×

무소유의 정신을 소유하라.

인간은 누구나 남에게 인격이 넓고 깊은 사람으로 보이기를 바랍니다. 그래서 예쁘고 잘생긴 얼굴, 좋은 몸매, 명품, 비싼 수입차 등 자신이 소유한 것으로 인격을 드러내려는 욕망에서 쉽게 벗어날 수 없습니다. 그런데 자신이 가진 무언가를 통해 인격을 드러낼 때 오히려 자신의 진정한 존재 가치가 퇴색할 수 있습니다. 소유에는 한계가 있으며, 비교가 가능하기 때문입니다. 언제든지 더 좋은 것이 나타나면 그 의미가 줄어듭니다. 요즘은 소위 말하는 슈퍼카나 명품 가방이 예전보다 훨씬 흔해졌습니다. 그래서 람보르기니를 타거나 샤넬 가방을 들고 다닌다고 해서 그렇게 대단하게 보지 않습니다. 아무리 좋은 것을 가지고 있어도 더 좋은 무언가가 나타나면 금세 별 볼 일 없어집니다. 내가 가진 것으로 나를 표현하려고 든다면 끊임없이 소유할 수밖에 없습니다. 그러나 세상 모든 것은 유한하기에 이는 불가능한 일입니다.

이를테면 톨스토이Leo Tolstoy의 단편소설 〈사람에게는 얼마만큼의 땅이 필요한가?〉의 주인공이 그렇습니다. 소설 속 주인공은 조금이라도 더 많은 땅을 가지려 아등바등하지만, 그로 인해 목숨을 잃게 됩니다. 그는 결국 자신의 죽은 몸이 묻힐 만큼의 땅밖에 차지하지 못합니다. 만약 무언가를 소유하고서도 소유 그 자체가 자신의 인격과 무관하다고 느끼는 상태가 있다면, 이를 '무소유의 정신'이라 부를 수 있습니다. 우리가 살아가면서 반드시 소유해야 하는 것을 한 가지 꼽으라고 한다면 바로 무소유의 정신 아닐까요?

채움, 비움, 나눔

우리는 막연하게 돈이 많으면 행복할 거라고 생각합니다. 그런데 돈이 많으면 정말 다 행복할까요? 그야 물론 돈이 없는 것보다는 당연히 많은 게 좋습니다. 돈이 많으면 할 수 있는 일이 많아지니까요. 그러나 그보다 더 좋은 건 이를 나누는 일입니다. 마찬가지로 많이 아는 건 좋은 것이죠. 물론 앎에도 한계가 있습니다. 한 명의 인간이 세상 모든 이치를 알 수 없기 때문입니다. 그러니 이때도 가장 좋은 건 이를 나누어 주는 것입니다. 앎을 나눌 때 더욱 큰 앎에 도달할 수 있습니다.

채움은 비움으로 인해, 비움은 채움으로 인해 의미가 생겨납니다. 오로지 채움만 중요하다고 말하거나, 오로지 비움만 중요하다고 말한다면 이는 채우지 못하고, 버리지 못한 마음이 가난한 자들의 변명입니다. 돈이 많다면 돈을 나누어 주고, 아는 것이 많다면 아는 것을 나누어 주면 됩니다. 이것이 바로 니체가 말한 진정한 강자의 행복 아닐까요? 우리의 마음은 나누면 나눌수록 커집니다.

두 번째

과정을 즐겨라

모든 것에서 의미를 찾는 동물

꿈이었다고 생각하기엔, 너무나도 아쉬움 남아.
가슴 태우며 기다리기엔 너무나도 멀어진 그대.
사랑했던 마음도 미워했던 마음도.
허공 속에 묻어야만 될 슬픈 옛이야기.
스쳐버린 그날들.
잊어야 할 그날들.

가왕 조용필이 부른 〈허공〉이란 곡의 가사입니다. 지나간 일에 의미를 부여하는 것은 우리의 피할 수 없는 운명이지요. 허공으로 흘러간 시간을 그리워하는 노랫말처럼, 우리는 늘 과거를 후회하고 미련과 아쉬움을 남깁니다. 인간이 모든 것에서 의미를 찾는 동물이기 때문입니다. 그래서 우리는 우연에서 의미를 찾거나, 우발적인 일을 운명적 사건으로 바꾸려 합니다.

울퉁불퉁한 달의 표면에서 떡 방아를 찧는 토끼를 생각해 내고, 하늘에 둥둥 떠다니는 구름에서 좋아하는 사람이나 동물의 얼굴을 찾아냅니다. 지난밤 꿈에 돼지가 나왔으니 복권에 당첨될 수 있으리라 기대하고, 낡은 물방울무늬 넥타이가 중요한 발표를 성공으로 이끌 것이라 착각하기도 합니다.

여러분은 '텍사스 명사수의 오류Texas sharpshooter fallacy'라는 말을 들어본 적 있나요? 한 카우보이가 벽에 무작위로 총을 쏜 후, 총알이 가장 많이 박힌 곳에 과녁을 그려 넣습니다. 그러면 과녁의 중앙 주변에 총알이 많이 박혀 있게 됩니다. 이를 나중에 본 사람들은 그 카우보이가 명사수라고 믿게 되겠죠. 텍사스 명사수의 오류는 우연히 생긴 결과에 누군가 인위적인 질서를 부여하면서 발생하는 오류입니다. 어떤 사안에 대한 원인과 결과를 합리적으로 규명하지 않고 결과에 이유를 꿰맞춰 해석할 때, "텍사스 명사수의 오류를 범했다"고 말합니다. 이처럼 어떤 현상에 나름의 설명과 그럴듯한 인과관계를 붙이는 일은 현실에서 빈번하게 일어납니다. 인간은 늘 '알 수 없는 일'을 가급적이면 '알 수 있는 일'로 끌어내리기 위해 설명과 해석을 찾아 헤매지요. 세계의 불확실성을 언제나 질서정연하게 바꾸려고 노력합니다. 그러나 니체는 이 세계가 우연의 산물이라고 믿었기에, 그러한 노력이 무의미하다고 말합니다. 오히려 원하지 않는 결과가 나오더라도 받아들이라고 말하죠.

✛ 〇 ✕

오직 인간만이 우연을 운명이라 부른다.

> ✦
> 우연의 주사위를 흔드는 필연성의 가혹한 손은
> 무한한 시간에 걸쳐 이 게임을 계속한다.
> 모든 수준의 목적성과 합리성을 정확하게 닮은
> 주사위 던지기가 반드시 존재하도록 말이다.
> - 아침놀 中

주사위를 던져 숫자 4가 나왔습니다. 다른 숫자가 나올 수도 있었는데 4가 나왔습니다. 이것을 우연이라고 합니다. 4가 나와야만 하는 필연성이 없다는 뜻입니다. 그런데 전지전능한 누군가가 무한한 시간에 걸쳐 계속 주사위를 던지면 어떨까요? 아마 주사위 던지기와 관련된 모든 사항에 대한 지식이 무한대로 확장될 겁니다. 그는 주사위 던지기에 관하여 완벽한 지식을 가지게 되고, 그럼 결국 4가 나온다는 것을 예측할 수도 있겠죠. 그래서 우연이란 우리가 모르는 필연이라고 할 수 있습니다. 그러나 우주가 영원히 반복된다고 해도 순간을 사는 인간은 이를 알 수 없습니다. 목적성과 합리성도 유한한 존재인 인간에게는 그저 우연입니다. 이처럼 니체는 목적성과 합리성 모두 부질없다고 보기에, 그는 이에 구애받지 않습니다.

지금 우리에게 소중한 무언가도 처음에는 그저 작은 우연에서 비롯됩니다. 일상에서 마주친 사소한 우연이 우리의 인생을 아름답게 만들지요. 우연한 만남이 모여 거대한 운명을 이룹니다. 특히 이 운명이라는 개념은, 인간이라는 존재가 우연과 마주쳐 그것에 의미를 부여할 때 성립됩니다. 가령 셰익스피어의 희곡 〈로미오와 줄리엣〉에서 로미오는 줄리엣의 사촌 오빠 티볼트를 의도치 않게 죽이게 되는데요. 전지전능한 존재는 주사위 숫자 4를 예상하듯 이 역시 필연이라고 하겠지만, 우리 인간의 인식으로는 그저 우연입니다. 일상적인 표현으로 말하자면 그냥 우발적인 사고가 발생한 거죠. 그런데 우연이 인간적 의미를 띠게 될 때 그것은 운명이 됩니다. 극중 로미오가 티볼트를 죽인 뒤 "운명이여!"하고 외쳤는데, 만일 "우연이여!"라고 했다면 어색하지 않았을까요? 벼락이 나무에 내리꽂히면 그저 우연이라 말하지만, 어떤 이가 지나가다 그 벼락을 맞았다면 참 얄궂은 운명이라고 말하는 것처럼 말이죠.

÷ ○ ×

주사위 숫자를 바꿀 수는 없지만

삶은 필연의 날줄과 우연의 씨줄이 직조하여 만들어내는 사건의 연속입니다. 우리는 흔히 예상할 수 있는 것은 필연으로, 예상할 수 없는 것은 우연이라고 말하곤 합니다.

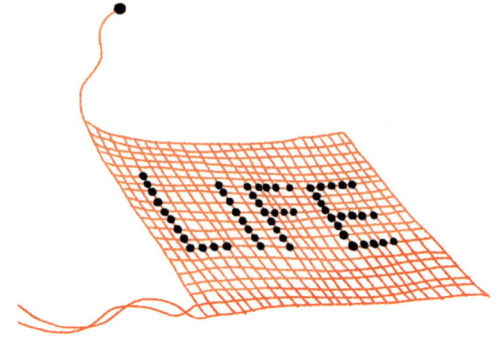

우리가 지구별에 태어난 것은 우연이지만, 죽음은 누구도 피할 수 없는 필연입니다. 사랑은 우연한 호르몬 분비에서 시작하지만, 사랑에 빠진 순간부터 필연적으로 이별은 예정되어 있습니다. 하지만 순간을 사는 우리는 우연과 필연을 제대로 구분하지 못할 때가 많습니다. 필연이라도 예상할 수 없다면 그저 우연에 불과하죠. 결국 우연과 필연은 오직 우리의 마음에 달려 있습니다.

우리 인생에서 정해진 것은 아무것도 없습니다. 인생의 성공과 실패는 자신의 선택과 행동이 결정합니다. 마치 주사위를 던지듯이 말이죠. 어쩌면 우리 인생에서 가장 중요한 것은 스스로 인생의 주체가 되어 나의 운명을 통제하고 새롭게 형성해 나가는 일 아닐까요? 이를 위해서 자신의 노력과 의지를 믿으며 우연을 필연으로 만들어나가고자 하는 마음가짐이 필요합니다. 우연을 필연으로 만드는 것이야말로, 탄생이라는 우연과 죽음이라는 필연 사이를 살아가는 인간이라면 마땅히 해야 할 일입니다. 자! 여러분의 주사위는 이미 던져졌습니다.

행복은 과정 안에 있다.

누구나 자신이 목표한 바를 성취하면 행복할 겁니다. 나 역시 주기적으로 논문을 게재하고, 회사에서 성과를 내고, 이를 통해 인정받으면 행복합니다. 어떤 일을 시작했다면 결과는 당연히 중요합니다. 하지만 결과는 그저 과정의 부산물일 뿐입니다. 논문이 거절당했다고 해서, 혹은 프로젝트가 실패했다고 해서 그 결과에 몰입하여 그때마다 슬퍼할 필요는 없습니다. 당장 눈앞에서 벌어진 사건에 매몰되지 않고 인생 전체를 놓고 본다면, 이번 결과는 또 다른 결과를 위한 과정이란 점을 금세 알 수 있습니다. 그렇지만 한국사회는 때때로 과정에 대한 고려 없이 결과만 강조하기도 합니다. 좋은 사람을 소개해 준 적도 없으면서 결혼을 왜 안 하냐고 다그치기도 하고, 아이를 돌봐줄 것도 아니면서 자녀 계획을 묻기도 하죠. 하지만 니체가 말하기를, 행복은 결과를 추구하는 과정에 있습니다.

> ✦
> 비록 아주 조그마한 행복일지라도
> 날마다 찾아와서 우리를 기쁘게 해줄 수 있다면
> 불쾌와 갈망과 궁핍의 시기에 찾아오는
> 저 거만한 기쁨보다 훨씬 소중하다.
> – 반시대적 고찰 中

운전 중 얼굴을 간지럽히는 햇살, 산책하다 만난 이름 모를 풀이 피워낸 작은 꽃망울, 직장에서 동료와 주고받는 담소, 퇴근 후 지친 몸에 꼭 안겨드는 아내와 아이의 포옹. 일상에서 마주친 작은 사건에 옅은 미소를 짓게 됩니다. 이런 소소한 만족감을 자주 느낄 때, 우리는 행복하다고 말할 수 있습니다. 돌이켜보면 우리 인생에 고통과 슬픔만 가득한 건 아니잖아요? 흐린 날이 있으면 쨍한 날이 있듯이, 불행한 날이 있으면 행복한 날도 있습니다. 그래서 누군가는 인생을 동전 던지기에 비유하기도 합니다. 동전을 던져 앞면이 나오면 행복이고 뒷면이 나오면 불행입니다. 행복과 불행이 동전의 양면처럼 붙어있다는 사실은, 삶의 모든 상황이 사실 언제든 뒤집힐 수 있다는 점에서 우리에게 축복이 됩니다.

오히려 좋아!

"행복해지기 위해서는 무엇보다 낙관주의자가 되어야 한다." 긍정심리학의 창시자 마틴 셀리그만Martin E. P. Seligman이 그의 책 〈학습된 낙관주의〉에 남긴 말입니다. 낙관주의자는 성공 경험이 아니라 실패 경험으로부터 만들어집니다. 이들은 실패에서 교훈을 얻기 때문에 자신이 원하는 대로 삶이 작동하지 않아도 실망하거나 포기하지 않습니다. 낙관주의자는 언제 어떻게 자신의 삶을 수정해야 할지 명확하게 판단하고 빠르게 결단합니다. 이를 통해 새로운 것을 깨닫고 배우며, 반복적으로 실천합니다. 다시 말해 낙관주의란 삶의 태도를 선택하는 능력입니다.

낙관주의는 아이돌 그룹 아이브IVE 장원영의 초긍정적 사고에서 비롯된 인터넷 밈이자 유행어인 '원영적 사고'를 떠올리게 합니다.

부정적 사고: 물이 반밖에 안 남았네?
긍정적 사고: 물이 반이나 남았네!

원영적 사고: 내가 연습 끝나고 막 물을 먹으려고 했는데, 글쎄 물이 딱 반 정도 남은 거야! 물 한 병을 다 먹기엔 너무 많고, 없으면 아쉬워서 딱 반만 있으면 좋겠다고 생각했는데 완전 럭키비키잖아~!

어떤가요? 원영적 사고는 부정적인 사고와 긍정적인 사고와 차원을 달리하는 초긍정적 사고입니다. 자신에게 일어나는 모든 사건이 긍정적인 결과로 귀결될 것이라는 확고한 낙관주의에 기반합니다. 나에게 일어나는 모든 일은 결국 나에게 좋은 일이라고 생각하는 거죠. 어떤 불합리한 상황이 닥쳐도 "오히려 좋아!"라는 초긍정적 사고로 바꾸어 놓는 방식입니다. 부정적인 현실을 무작정 회피하거나 왜곡하는 것과는 다릅니다. 상황을 명확하게 인지한 후에 부정적인 상황조차 긍정적인 결과에 이르는 과정이나 원인으로 받아들이는 겁니다. 힘든 일이 닥쳤을 때 전혀 힘들지 않다며 자신의 감정을 애써 부정해 버리는 것이 아니라, 이렇게 생각하는 거죠. "정말 힘들지만, 나에게는 아직 긍정적인 것도 많이 남아있어." 혹은 "지금 이 힘든 일도 결국은 행복한 결과에 이르는 과정이야."

세 번째

시련을 견뎌라

✛ ○ ✕

한 인간 안에 두 가지 마음

여러분은 착한 사람이 되고 싶은가요? 인간의 마음은 선하고 싶은 마음과 선하지 않고 싶다는 마음이 동시에 작용합니다. 수단과 방법을 가리지 않고 돈을 벌고 싶은 마음과 꿈을 따라가며 돈에 휘둘리지 않고자 하는 마음 사이에 긴장과 갈등이 있습니다. 영화 〈타짜〉에서 노름을 끊으려 자신의 손가락을 자르던 고니가 이렇게 중얼거리듯이 말이죠. "가만있어봐. 인생, 관뚜껑에 못 박히는 소리는 들어봐야 아는 거 아냐?" 이처럼 선하고 싶은 마음과 선하지 않고 싶은 마음이 공존한다면, 우리는 두 가지 마음 중에서 무엇을 따라야 하는 걸까요? 한 인간 안에 두 가지 마음이 공존하는 것은 패러독스paradox 입니다. 이는 어쩔 수 없는 인간의 한계이지만, 가능성이기도 하죠.

삶은 지저분하지만 동시에 고귀하다. 삶은 소박하지만 동시에 세련된 것이다. 삶은 누구나 엇비슷하지만 동시에 사람마다 상상하기 어려울 정도로 다르다. 이렇게 역설적이고 모순된 생각이 들 때가 있습니다. 바로 이때 우리는 패러독스적 상황에 직면한 것입니다.

패러독스는 서로 양립 불가능한 것이 양립하는 상태입니다. 패러독스는 아무리 합리적으로 설명하고자 해도 설명이 되지 않기 때문에, 불합리합니다. 담배를 끊고 싶지만, 끊기 싫기도 하죠. 너무나 사랑하지만, 그만큼 증오하기도 합니다. 심지어는 왜 이런 마음이 드는지 설명하려는 시도조차 패러독스입니다. 무의미한 일상을 더듬어 그 속에서 인생의 의미를 찾아야 하는 모순을 기꺼이 받아들이고자 한다면, 비로소 삶을 이해할 수 있는 조건이 갖춰진 것입니다. 교육학자 이홍우 교수는 패러독스적 삶의 모습을 다음과 같이 표현합니다.

> 삶의 모든 현상은 때로는 화려하게
> 때로는 추악하게 우리 눈앞에 나타난다.
> 삶이란 추악함과 화려함이라는 스펙트럼이
> 그려내는 이러저러한 이야기이다.
> 그렇다면, 추악함과 화려함을 만드는 것은 무엇일까?
> 아마도 그것은 추악함과 화려함 이면에 숨겨진
> 우리의 마음일 것이다.
> — 이홍우 <대승기신론 통석> 中

✛ ○ ✗

삶은 원래 불합리하다.

인간의 육체는 끊임없이 해체되었다가 스스로 다시 구성됩니다. 여러분이 평범하게 숨 쉬고 있는 지금도, 매 순간 수많은 세포가 생성과 소멸을 반복하고 있습니다. 우리의 정신도 마찬가지입니다. 자유의지에 의해 끊임없이 해체되었다가 재구성되기를 반복합니다. 때로는 생각을 버려야 하고, 때로는 생각을 가져야 합니다. 죽음과 탄생, 해체와 구성, 소멸과 생성, 파괴와 창조. 이는 인간이기에 가질 수밖에 없는 이중적인 삶의 방식입니다. 삶의 본질은 영원히 도달할 수 없는 무언가를 향해서 끊임없이 자신을 버리고, 다시 또 새롭게 만들어 가는 여정입니다. 여러분, 이런 삶이 불합리하다는 생각이 드나요? 어쩌면 그건 당연한 일입니다. 하지만 그렇다고 해서 삶의 불합리를 완전히 없애 버리려는 시도는 바람직하지 않습니다.

영국의 철학자 오크쇼트 Michael Joseph Oakeshott 는 "세계는 우리가 상상할 수 있는 모든 세계 중에서 단연 최고의 것이다. 그리고 그 안에 존재하는 모든 것은 필요악이다"라고 말합니다. 우리 마음은 아무런 편견이나 선입견이 없는 순수한 백지가 아닙니다. 우리 마음의 원천이 되는 이 세계도 완전무결한 곳이 아닙니다. 그러니 세계는 흰색보다는 잿빛에 가깝다고 하겠습니다. 그 속에서 아주 많은 일이 벌어지고 있죠. 그러면서도 지금까지 나름대로 정체성을 유지하고 조화를 이루고 있는 것, 그 자체가 하나의 신비로움입니다. 합리적인 사고로 우리의 삶이나 마음을 재단하여 송두리째 바꾸어야 한다는 결벽증을 없애야 합니다. 부분을 파악한다고 해서 전체를 다 알 수는 없지요. 아무리 세상 모든 존재가 패러독스라고 해도 이 모든 것을 전부 뜯어고치려는 생각은 부질없습니다. 이는 곧 우리 삶 자체를 아예 지워버리고자 하는 어리석음이 될 뿐입니다.

÷ ○ ×

모든 것은 각자의 관점에 따라 달라진다.

그레고리 맥과이어Gregory Maguire의 소설 〈위키드〉는 라이먼 프랭크 바움Lyman Frank Baum의 소설 〈오즈의 마법사〉를 다른 관점에서 보게 합니다. 주인공 도로시 입장에서 보면, 서쪽의 마법사 엘파바는 자신이 고향으로 돌아가기 위해 물리쳐야 할 악당입니다. 하지만 엘파바의 입장에서 보면, 도로시는 자기 동생을 죽이고 동생이 신던 구두까지 뺏어간 불한당입니다. 각자의 관점에 따라 인식이 달라집니다.

니체는 세상에 단 하나의 절대적이고 최종적인 답변은 없다고 말합니다. 누구나 자신의 관점과 입장에서 의미나 가치를 찾기 마련입니다. 따라서 니체는 사태를 바라볼 때 한 가지 입장에서 보는 것을 경계하라고 말합니다. 이러한 니체의 인식론을 '관점주의'라고 합니다.

> ✦
> **오직 관점주의적으로 보는 것만이,**
> **오직 관점주의적 인식만이 존재한다.**
> ─도덕의 계보 中

관점주의는 니체 인식론의 명칭이며, 니체 철학 전체를 이끌어가는 기조입니다. 관점주의는 니체가 삶을 대하는 태도이며, 삶의 문제를 풀어가는 방법론이기도 하죠. 그렇기에 니체는 자신의 세계를 해명할 때 절대적인 방식이나 해석의 위계를 부여하지 않습니다. 쉽게 말해 "이런 경우에는 누구나 이렇게 행동하는 것이 맞다"는 식의 말을 삼가는 것이죠. 니체의 관점주의는 다음과 같이 요약할 수 있습니다. "내가 보는 자리가 내가 볼 수 있는 한계이므로 내가 절대적으로 모든 것을 다 본다고 할 수는 없다. 하지만 내가 본 것이 나를 상승시킨다면 그것이 진리다. 진리로 간주된 것이 나의 진리다." 어디에 서서 보는가에 따라 보이는 풍경은 다릅니다. 높은 곳에 서면 멀리 볼 수 있지만, 세세한 부분은 파악할 수 없습니다. 반대로 낮은 곳에 서면 멀리 볼 수는 없지만, 더 자세히 볼 수 있습니다. 한쪽으로 치우친 생각에서 벗어나려면 보는 자리만 바꿔도 됩니다.

우리는 고독과 외로움을 같은 것이라 착각한다.

수학계의 노벨상이라고 불리는 필즈상을 받은 수학자 히로나카 헤이스케는 〈학문의 즐거움〉이라는 책에서, 다음 두 개의 단어 사이에 엄청난 차이가 있다는 것을 알려줍니다.

두 단어는 얼핏 같은 뜻으로 보이지만, 실은 서로 명확하게 대립합니다. 외로움은 고독에서 도망치려는 인간의 감정을 나타내는 말입니다. 우리는 고독과 외로움을 착각하여, 고독으로부터 도망치려 했기에 고독을 잃고 외로움을 느끼는 것입니다. 고독이 무엇인지 명확하게 인지하고 있으면, 누구를 만나든, 어떤 상황에서든, 외로움을 느끼지 않는다는 것이 히로나카의 주장입니다.

고독은 외로움이나 괴로움이 아니라 설렘과 즐거움이 되어야 합니다. 고독의 시간은 아무것도 하지 않는 시간이 아닙니다. 소파에 앉아 유튜브나 인스타그램 피드를 하염없이 넘기거나, 유행하는 캐주얼 게임에 빠져 시간을 보내는 일도 아닙니다. 고독은 온전히 나를 만나는 시간입니다. 내가 무엇을 원하는지, 내가 어떤 삶을 바라는지, 나의 행복은 무엇인지 탐색하는 시간입니다. 평소 우리는 타인의 시선에 민감하게 신경을 쓸 수밖에 없습니다. 하지만 홀로 시간을 보낼 때는 그저 자신의 욕망에만 충실하면 됩니다. 다른 누군가의 요구가 아니라 자기 자신의 요구를 들어줍니다. 그래야 자신을 온전히 들여다볼 수 있게 됩니다. 타인의 시선이나 눈치를 보지 않고 내가 하고 싶은 일을 마음껏 할 수 있습니다. 이런 고독의 시간을 통해 비로소 나에게 중요한 질문을 던질 수 있게 됩니다.

"나는 어떤 일을 할 때 가장 설레는가?"
"나를 행복하게 만드는 일은 무엇인가?"

니체는 안심하고 홀로 자유로운 시간을 보낼 수 있도록 하는 것이 고독의 역할이라고 말합니다. 그는 이렇게 충고합니다. "하찮은 인간들에게 가까워질 때는 조심하며, 자신의 고독 속으로 달아나라." 그런데 만일 그저 저열한 인간들과 엮이지 않기 위해 스스로 고독을 선택한다면, 이는 도피에 지나지 않습니다.

÷ ○ ✕

거리의 파토스

아리스토텔레스는 상대방을 설득할 때는 에토스$_{ethos}$, 파토스$_{pathos}$, 로고스$_{logos}$가 필요하다고 말합니다. 에토스는 명성, 신뢰감, 호감 등 메시지를 전달하는 사람이 갖고 있는 인격적 측면을 말합니다. 파토스는 공감, 경청 등으로 친밀감을 형성하거나 유머, 공포, 연민 등의 감정을 자극해 마음을 움직이는 감정적 측면을 말합니다. 마지막으로 로고스는 상대방의 결정을 정당화할 수 있는 실질적인 자료나 근거를 제공하는 논리적 측면을 말합니다. 니체는 자신의 삶을 제대로 살기 위해서 특히 소박한 사람들과 감정적 측면(파토스)에서 멀어지기를 주문합니다.

> ✦
> 모든 저급한 자, 열등한 자, 범속한 자,
> 천민적인 자들에 비해서
> 자기 자신과 자신의 행위를 '좋은 것'으로서,
> 즉 최상의 것으로 느끼고 평가하는 고귀한 자, 강한 자,
> 드높은 자, 고매한 자들에서 비롯된 것이다.
> 그들은 이러한 거리의 파토스에서 가치를 창조하고
> 그것의 이름을 새길 권리를 비로소 획득하게 되었다.
> — 도덕의 계보 中

니체가 말한 '거리의 파토스$_{pathos\ der\ distanz}$'란 무엇일까요? 거리의 파토스는 현재의 자신보다 더 탁월한 존재가 됨으로써 소박한 사람들과 거리를 두고자 하는 열망입니다. 다시 말해 '나는 저들과는 다르다'는 마음가짐으로 탁월한 존재가 되고자 하는 의지

를 가리킵니다. 자신만 우월하다고 생각하며 타인을 낮잡아 보라는 말은 아닙니다. 거리의 파토스는 나쁨의 기준을 스스로 정하고 자신의 기준에 부합하지 않는 대상과 거리를 두고자 하는 자기 극복의 태도입니다. 탁월한 존재, 즉 니체가 말한 '강자' 또는 '고귀한 인간'은 거리의 파토스를 실천하며, 타인과 거리를 두고 고독을 즐깁니다. 삶의 진리는 고독과 기다림을 참아낸 끝에 홀연히 깨닫는 것이지요. 고독과 기다림이라는 인내의 시간은 상승을 추구하는 고귀한 인간에게 꼭 필요한 덕목입니다. 어쩌면 오늘날 우리에게 가장 필요한 것은 다가올 미래를 상상하며, 이미 다가온 현재를 따져보는 마음의 여유가 아닐까요?

각박한 삶을 살아가다 보면 중요한 무언가를 놓치게 됩니다. 만일 그런 상태에 처해 있다면, 자신을 돌아보는 시간이 필요한 때입니다. 홀로 앉아 자신을 헤아려 보는 시간 속에서 열정의 불씨를 되살릴 수 있습니다. 혼자만의 시간을 보내다 보면, 어느 순간 문득 답이 나올 때가 있거든요.

아무것도 하지 않는 일

디즈니 애니메이션으로 세계적인 사랑을 받은 〈곰돌이 푸〉의 원작 소설은 우리가 성장하는 과정에서 관조를 잃어버리는 이유를 잘 보여줍니다. 소설의 마지막 장면을 짧게 옮겨보겠습니다.

다섯 살 아이였던 로빈은 어느새 초등학교에 입학할 나이가 됩니다. 초등학교 입학 첫날, 로빈은 곰돌이 푸와 함께 그들이 가장 좋아하는 '아무것도 하지 않는 일'을 하면서 숲에서 가장 높은 곳에 있는 갤리온스 랩(범선처럼 생긴 분지)에 오릅니다. 갤리온스 랩은 시간이 흐르지 않는 마법의 공간이죠. 로빈은 더 이상 곰돌이 푸와 함께할 수 없음을 직감하고 작별 인사를 나눕니다. 로빈은 앞으로 아무것도 하지 않는 일을 하지 않겠다고 선언합니다. 왜냐하면 로빈은 점점 아이에서 어른으로 자라날 테니까요. 이제 그는 문제를 해결하는 일에 온통 관심을 빼앗긴 어른이 되어갈 것입니다. 언젠가 우리가 그랬듯이 말이죠…

관조는 말 그대로 무언가를 가만히 들여다보는 것입니다. 그렇다고 해서 아무 일도 하지 않는 무無의 활동은 아닙니다. 관조는 이미 지나간 일을 되돌아보는 활동입니다. 무엇인가 끝난 뒤 그 진의를 되짚어 보는 것이 바로 관조입니다.

**미네르바의 올빼미는
석양이 진 뒤에야 날갯짓한다.**
- 헤겔 <법철학> 中

미네르바는 로마 신화에 나오는 지혜의 여신입니다. 그래서 언제나 미네르바를 따라다니는 올빼미는 지혜를 상징하는 동물이 되었습니다. 미네르바의 올빼미가 해가 진 뒤 움직인다는 말은 낮 동안 발생한 사건 사고의 원인이나 해결책을 밤이 된 상태, 즉 어떤 일이 일어난 후에 고민한다는 것을 비유한 표현입니다. 이는 철학과 이론의 속성이기도 하죠. 철학자는 늘 현실에서 어떤 사건이 일어난 뒤에야 그것을 고민합니다. 이론을 탐구하는 학자도 마찬가지로 언제나 해가 진 뒤에 잿더미를 헤쳐야 합니다. 이들은 언제나 처방보다 원인에 더 관심이 있기 때문입니다. 나는 그것이 학자의 운명이고 보람이라 생각합니다.

돌이켜 보는 일은 비단 철학자나 학자만의 전유물은 아닙니다. 우리는 대체로 낮의 분주함을 밤의 차분함에서 돌이켜 봅니다. 이때 우리에게는 미네르바의 올빼미가 필요합니다. 서로를 비추어 보거나 비추어 줄 수 있도록 말이죠. 한편 해가 지면 비너스의 손짓과 큐피드의 화살도 필요합니다. 아름다움과 사랑스러움을 보고 느낄 수 없다면, 우리는 그저 아무 생각 없이 '일만 하는 인간(아니말 라보란스)'으로 전락하고 말 것입니다.

÷ ○ ×

무언가 가만히 들여다보는 시간

니체는 〈아침놀〉에서 '관조하는 삶 vita contemplativa'이 '실천하는 삶 vita activa'에 미치는 부작용을 이야기합니다. 그가 실천하는 삶을 우위에 두고 있기 때문입니다. 관조(여가)와 실천(일)은 대립하는 개념이지만, 이 중 하나만 강조해서는 올바른 삶을 살아갈 수 없습니다. 고독에서 관조를 뺀다면, 이는 그저 도피에 불과합니다. 그렇기에 관조 역시 디오니소스적 종합의 관점에서 살펴봐야 합니다.

여기 제목을 읽는 것만으로도 살짝 소름이 돋는 〈공부하는 삶〉이라는 책이 있습니다. 이 책의 저자인 신학자 세르티양주Antonin Sertillanges는 "공부하는 삶이 바로 관조하는 삶"이라고 말합니다. 그녀는 관조하는 삶을 위해 어떤 소명 의식과 마음가짐을 가져야 하는지, 어떤 태도와 방식으로 살아야 하는지 알려줍니다. 그녀가 말하는 관조하는 삶이란 진리 탐구에 매진하는 학자의 삶, 금욕과 명상을 수행하는 수도자의 삶입니다.

 학자scholar는 영문 그대로 풀이하면 스콜레schole를 하는 사람입니다. 그런데 희랍어 스콜레는 우리말로 번역하면 여가leisure입니다. 스콜레의 뜻이 우리가 알고 있는 여가라면 학자는 곧 여가를 하는 사람이 되는데, 그러면 의미가 제대로 통하지 않죠. 오늘날 여가는 그저 일이 없는 상태에 불과하기 때문입니다. 그렇다면 스콜레의 진짜 의미는 무엇일까요? 스콜레는 '무언가를 가만히 들여다본다'는 뜻으로 관조에 가깝습니다. 다만 오늘날 여가의 개념에는 깊은 사유와 관조라는 스콜레의 원래 의미가 완전히 퇴색되어 버렸습니다. 과거에는 이와 완전히 반대 상황이었는데요. 일을 뜻하는 별도의 단어가 없었기 때문에, 옛날 사람들은 '일'이라는 개념을 스콜레가 결여된 상태로 표현했습니다. 그래서 일을 뜻하는 희랍어 a-scholia는 스콜레에 부정을 뜻하는 접두사 a를 붙여 '스콜레가 없는 상태'입니다. 라틴어로도 일은 여가 ótîum가 없는 상태, neg-ótîum입니다. 이렇게 어원을 쫓아가다 보면 대상을 관조한다는 스콜레의 본래 의미를 알 수 있습니다.

÷ ○ ✕

오늘날 학자는
더 이상 스콜레하지 않는다.

나는 오랫동안 학자의 의미에 대해 생각해 왔습니다. 이론과 실제 중 실제에 치우친 교육 현상에 대한 반발심 때문인지, 학자로서 사명감을 느꼈던 것인지 그 시작은 정확하게 떠오르지 않습니다. 아무튼 내가 생각하는 학자는 이미 지나간 일의 원인을 밝히는 사람입니다. 조금 거창하게 말하면, 학자가 하는 일은 우주와 사회의 궁극적 진리와 질서를 탐구하는 활동입니다. 그렇기에 학자가 하는 일을 스콜레라고 하는 것이죠. 그런데 스콜레하는 일은 대체로 현실에 별로 도움이 되지 않습니다. 스콜레만으로는 최소한의 생계유지도 어려운 경우가 많습니다. 그래서인지 현대의 학자들은 우주와 사회의 궁극적 진리, 인간의 존재, 역사의 의미를 연구하지 않습니다. 그저 유행하는 주제를 잡아 논문을 쓰고, 박사학위를 받고, 교수 자리를 얻기 위해 애쓰고, 연구비를 타기 위해 치열하게 경쟁하는 하나의 직업인이 되어 버렸습니다. 나 역시 이런 현실에서 벗어날 수 없다는 사실에 마음이 무겁습니다.

오늘날 우리는 일과 여가에 대한 삶의 가치가 거꾸로 뒤집힌 시대를 살고 있습니다. 그래서 진정한 여가를 잃어버린 것이죠. 그저 일로부터 도피하는 것을 여가라고 여기게 되었습니다. 힘들게 일해서 번 돈을 가지고 일상에서 잠시 탈출하는 것을 여가라고 생각하죠. 그러나 그것은 진짜 여가가 아닙니다. 일상에서 벗어난다는 맥락은 같지만, 일상의 번잡함을 떠나 일상을 되돌아보는 것이 여가입니다. 진정한 여가, 즉 관조의 의미가 회복되지 않는다면 내 안의 목소리를 들을 수 없습니다. 자기 삶을 총체적으로 파악할 수 없기에 오로지 쓸모에 의해서만 평가합니다. 그러나 실제적 삶을 살아가는 우리에게 관조는 너무 멀리 있습니다.

네 번째

죽음을 똑바로 보라

✚ 〇 ✖

누구나 결국 죽는다.

"우물쭈물하다가 내 이럴 줄 알았다!"라고 번역되어 널리 입에 오르내리는 아일랜드 극작가 버나드 쇼George Bernard Shaw의 묘비명은 오역이라고 합니다. 실제로 그의 묘비명 원문은 "I knew if stayed around long enough, something like this would happen"입니다. "오래 버티면 이런 일(죽음)이 생길 줄 알았다" 정도로 번역할 수 있습니다. 태어나고, 살아가고, 그러다 언젠가는 죽음을 맞이하는 것이 인간입니다. 문제는 우리가 이 당연한 이치를 가끔 잊고 산다는 점입니다. 그래서 니체는 〈비극의 탄생〉에서 희랍 신화를 인용하여 우리에게 필연적으로 다가오는 죽음을 예고합니다.

> ✦
> 미다스의 왕은 숲속에서 마침내 반인반수의 현자
> 실레노스를 찾아내고 그에게 물었다.
> 인간에게 가장 좋은 것, 가장 바람직한 것이 무엇이냐고.
> 그 마신(魔神)은 입을 잘 열지 않다가
> 간청에 못 이겨 깨지는 듯한 목소리로 토하듯이 말했다.
> "이 불쌍한 하루살이의 종족이여,
> 우연과 피땀의 아들들이여,
> 듣지 않는 편이 몸에 가장 좋은 것을
> 왜 굳이 들으려 하는가?
> 가장 좋은 것은 너희가 도저히 이룰 수 없는 일이니,
> 태어나지 않는 일이고 존재하지 않는 일이요,
> 무(無)라고 하는 것이다.
> 그러나 너희에게 다음으로 좋은 일은 죽는다는 일이다."
>
> – 비극의 탄생 中

 니체는 디오니소스의 추종자이자, 상반신은 인간의 모습이고 말이나 염소의 다리를 가진 반인반수 실레노스 이야기를 가져와 죽음 앞에서 한없이 작아지는 인간이란 존재의 덧없음을 말합니다. 하지만 〈반시대적 고찰〉에서는 이를 스스로 극복하고자 하죠.

> 인생이란 진정 황홀한 것이 아닌가!
> 어떤 자는 스스럼없이, 어떤 자는 말 못 할 고민으로,
> 또 어떤 자는 연민과 자비로 이 삶을 누리고 있다.
> 인간의 생존을 존중하지 않는 것이
> 축복이라는 교훈을 남긴 채
> 자신도 이 생존에서 살아남지 못했다는 사실을 자각하며,
> 가장 아름다운 인생의 열매는 죽음을 받아들이는 것이다.
> - 반시대적 고찰 中

인어 고기를 먹지 않았기에

 죽음에 대해 생각하면 할수록, 우리는 삶에서 소중한 것이 무엇인지 깨닫게 됩니다. 만화 〈인어의 숲〉을 보면 주인공 유타가 인어人魚 고기를 먹은 뒤 늙지도 죽지도 않게 되는데요. 유타처럼 영원의 시간을 살게 되는 것이 과연 축복일까요? 너무나도 길고 긴 삶이 유타에게 준 것은 오직 영원한 고독입니다. 유타는 원래 몸으로 돌아가기 위해 인어를 찾아 끝없이 여행하죠. 하지만 우

리는 인어 고기를 먹지 않았기에 다가올 죽음이 두렵기만 합니다. 나도, 여러분도, 평생을 갈아 넣어 이룬 경력도, 여러분이 사랑하는 사람들도 언젠가 모두 죽습니다. 그렇습니다. 죽음은 피할 수 없는 운명입니다. 우리가 죽음에 대해 본능적으로 두려움에 사로잡히는 까닭은, 죽음이 주는 의미를 알지 못하기 때문입니다. 그래서 우리는 죽음을 생각하면 삶을 더 긍정적으로 바라볼 수 있다는 사실을 곧잘 망각합니다.

우리는 죽음을 맞이하는 방법을 배워야 합니다. 만약 여러분에게 의사가 이렇게 말한다면 어떨까요? "당신은 내일 죽습니다." 청천벽력과 같은 시한부 선고를, 처음에는 받아들이기 어려울 겁니다. 하지만 죽음을 똑바로 대면하고 이에 대해 생각하면 죽음을 두려워하지 않을  수 있습니다. 삶이란 어쩌면 지구별로 떠나온 잠시간의 편도 여행 아닐까요? 죽음을 다른 별로 떠나기 위한 수속이라고 생각해 봅니다. 그럼 죽음으로 가는 티켓팅이 임영웅 콘서트 티켓팅만큼 어렵지는 않다고 느껴질 겁니다. 그리고 비로소 우리가 평생 원했으나 가질 수 없었던 돈, 명예, 지위, 권력에 대한 욕망으로부터 해방될 수 있을 것입니다. 인생은 원래부터 시한부입니다. 이를 깨닫는다면 우리는 영원히 사는 것처럼 살기를 멈출 수 있습니다. 여러분, 내일 당장 죽는다고 해도 오늘 그 일을 하겠습니까? 아마 아니겠지요. 나의 생이 바로 내일까지라면 근심과 걱정을 버리고 정말로 하고 싶은 일을 할 것입니다. 인생이란 원래 그런 겁니다. 우리는 대체 무얼 위해 이렇게 아득바득 살아온 것일까요.

┼ ○ ✕

에로스, 그리고 타나토스

> 인간은 사랑을 바라는 동시에 죽음을 바라는,
> 서로 모순처럼 보이는
> 두 가지 충동(본능)을 가지고 살아간다.
> – 프로이트 <쾌락원칙을 넘어서> 中

프로이트는 인간이 사랑eros과 죽음thanatos을 동시에 원한다고 말합니다. 사랑을 원한다는 말은 이해가 되는데, 죽음을 원한다니 좀처럼 받아들이기 어렵습니다. 자연에서나 벌어지는 일 아니던가요? 거미와 사마귀는 짝짓기 후 에너지를 전부 소진하여 도망갈 체력마저 없어진 수컷을 암컷이 먹어버립니다. 그런데도 수컷은 암컷의 유혹에 본능적으로 매료되어 암컷의 몸에서 떨어지지 않으려고 안간힘을 씁니다. 수벌도 여왕벌과 짝짓기를 마치면 바로 죽습니다. 동물의 사랑 이면에는 동시에 죽음이 도사리고 있습니다. 그렇다면 인간은 어떨까요?

인간의 경우 가장 기본적인 생존에서부터 '사랑의 충동'과 '죽음의 충동'이 작용합니다. 인간은 하루하루 살아가기 위해 채소, 과일, 생선, 육류와 같은 다른 생명을 먹습니다. 나의 생존 혹은 나에 대한 사랑을 쟁취하기 위해서는 다른 생명의 죽음이 필요하죠. 우리 삶은 사랑의 충동과 죽음의 충동 사이를 왔다 갔다 반복합니다. 프랑스 철학자 베르그송Henri-Louis Bergson은 이를 생명의 약동, 엘랑 비탈elan vital이란 말로 표현하죠. 인간이 살아가는 것은 중력을 거슬러 자신을 찾으려는 시도라고 할 수 있습니다. "살고자 하면 죽을 것이요, 죽고자 하면 살 것이다"라는 말에도 사랑과 죽음의 충동이 담겨 있습니다. 사랑과 죽음. 이 두 가지 충동은 정도의 차이만 있을 뿐 인간의 모든 행위에 붙박여 있습니다. 그렇다면 우리는 사랑의 충동과 죽음의 충동이라는 모순을 어떻게 극복해야 할까요?

> 삶이란 긴 죽음에 불과하다.
> 나는 수많은 인간의 목숨을 단축시켰다.
> 나의 연극은 한 번도 그들의 박수를 받지 못했다.
> 나는 그들에게 영원한 생명을 허락했어야 했다.
> 그들의 영원한 죽음을 곁에서 지켜봐야 했다.
> 나는 다만 관찰자로서의 삶을,
> 관찰자로서의 죽음을 맞이할 뿐이다.
> 티베리우스 황제가 죽음에게
> 이 마지막 대사를 들려주려고 했을 때
> 그의 신하들은 베개로 황제의 얼굴을 덮어버렸다.
> - 즐거운 학문 中

어설픈 답변

니체에 의하면 인간은 누구나 더 많이 원하고, 더 강해지기를 바랍니다. 이는 인간이라는 존재의 본성입니다. 더 강해지기를 원하는 서로 다른 힘에의 의지 간에는 필연적으로 경쟁과 투쟁이 생길 수밖에 없습니다. 모든 경쟁에는 승자와 패자가 있기 마련입니다. 가령 사랑의 경쟁에서 누군가 사랑을 쟁취한다면, 다른 누군가는 패배하게 되겠죠. 사랑을 얻지 못한 패자가 죽고 싶다고 생각한다면, 사랑의 충동이 죽음의 충동을 생성한 것입니다. 이렇듯 우리 삶에서 일어나는 경쟁은 필연적으로 사랑의 충동과 죽음의 충동을 동시에 내재하고 있습니다. 이것은 협력도 마찬가지입니다. 협력은 근본적으로 서로 도움을 주는 관계로, 상호 이득을 취하기 위한 이기적이면서 동시에 이타적인 행동 양식입니다. 서로 협력하는 동안에는 사랑의 충동이 작동합니다. 하지만 협력을 통해 외부의 적을 물리치고 나면 죽음의 충동이 작용하여 다시 승자와 패자를 가르는 투쟁이 시작됩니다.

그렇지만 죽음의 충동을 최소화하고 사랑의 충동을 최대한 끌어 올릴 수 있는 삶의 방식은 없을까요? 이를 어떻게 실천할 수 있냐고 내게 묻는다면, 패자에게는 패배감이라는 죽음의 충동을 딛고 일어날 수 있는 용기와 존중을 제공하고, 승자에게는 자신도 언제든 패자가 될 수 있다는 겸손함이 요구된다는 어설픈 결론만 말할 수 있습니다.

╬ ○ ✕

천국은 존재하는가?

우리는 죽은 뒤 천국에 갈 수 있을까요? 다수의 종교에서 천국이나 낙원, 저승, 유토피아, 극락정토 등 여러 가지 형태로 피안彼岸의 세계를 제시합니다. 그러나 니체는 피안의 세계는 존재하지 않는다고 말합니다. 니체가 보기에 '피안'은 우리가 사는 이 대지에 어떤 목표나 목적, 어떤 의미나 과제도 남기지 않기 위해 만들어진 것입니다. 또한 '영혼 불멸'은 육체를 경멸하기 위해 만들어진 개념이며, '죄'라는 개념은 자유의지를 혼란에 빠지게 만드는 책망의 도구로 만들어졌다고 말하죠. 니체는 죽어서 천국에 가고 싶다고 바랄 여유가 있다면 지금 자기 삶을 더욱 충실하게 살기 위해 노력하라고 말합니다. 살아 있는 동안 스스로 지향하는 바를 이루기 위해 최선을 다하고, 자신의 힘으로 멋진 죽음의 순간을 만들어 내라는 충고를 건넵니다.

죽음에 대하여 제대로 생각할 때, 삶을 제대로 살 수가 있습니다. '제대로 죽는다'와 '제대로 산다'는 것은 따로 떨어져 있지 않습니다. 제대로 죽는다는 의미는 언제 죽을 것인지, 혹은 죽을지 말지에 대한 선택이 아닙니다. 어떻게 죽을 것인가, 죽음의 방식에 대한 선택입니다. 어떻게 죽을 것인지를 고민하면 자연스럽게 어떻게 살 것인가 하는 고민으로 바뀝니다. 과정이 아름다워야 끝도 아름다운 법입니다. 그러니 죽음의 방식은 곧 삶의 방식입니다.

+ ○ ×

두 가지 삶의 방식

철학자 김형효는 그의 저서 〈마음 혁명〉에서 닫힌 마음(탐욕)과 열린 마음(희망)이라는 두 가지 삶의 방식을 제시합니다.

> 탐욕은 자기중심의 소유욕이고,
> 희망은 자기중심의 생각을 비워
> 거기에 존재하는 모든 것을 안심시키는 마음이다.
> - 김형효 〈마음 혁명〉中

누구나 무언가를 희망하며 삽니다. 희망은 소유론적 희망과 존재론적 희망, 이렇게 두 가지 종류가 있습니다. 먼저 무엇을 갖고 싶어 하는 마음이 희망과 만나면 이를 소유론적 희망, 즉 탐욕이라고 부릅니다. 돈을 더 많이 벌고 싶은 마음, 지식을 더 많이 쌓고 싶은 마음, 관심을 더 많이 받고 싶은 마음은 모두 소유론적 희망입니다. 이는 삶을 지탱하는 중요한 요소지만, 그것만으로는 삶의 내적인 기쁨과 충만함을 얻기 어렵습니다.

다음으로 끊임없이 더 나은 사람이 되고자 하는 마음이 희망과 만나면 존재론적 희망이라고 부릅니다. 내가 일하는 분야에서 전문가가 되고 싶고, 좋은 딸 또는 아들이 되고 싶고, 좋은 엄마 혹은 아빠가 되고 싶다고 바란다면 이는 존재론적 희망입니다. 존재론적 희망은 오로지 '되어가는 과정becoming'으로만 존재합니다. 소유론적 희망이 명사적 삶이라면, 존재론적 희망은 동사적 삶이라고 할 수 있습니다. 나는 소유론적 희망을 추구하며 그 결과에 만족하기보다, 존재론적 희망을 추구하며 그 과정에서 기쁨을 느끼고 싶습니다.

> ✦
> 우리가 진리라고 부르는 것이 진정 진리인지
> 혹은 그렇게 보일 뿐인지 우리는 결정할 수 없습니다.
> 만약 후자가 진실이라면 우리가 죽은 다음
> 모든 것이 사라지게 될 것입니다.
> 그리고 우리가 무덤 속까지 가져가려는 소유물들은
> 모두 헛된 것이 될 뿐입니다.
> - 반시대적 고찰 中

÷ ○ ✕

결코 소유할 수 없는 것

세상에 가치 없는 것을 가지려는 사람은 아무도 없습니다. 인생을 가치 있게 만들려는 모든 행동은 결국 가치 있는 무언가를 많이 가지려는 노력입니다. 그렇기에 누구나 돈, 권력, 명예, 지식, 도덕처럼 가치 있는 것을 소유하고자 합니다. 이에 대한 소유가 명확하게 구분되지 않으면 분쟁이 일어납니다. 인류가 문명을 이룬 이래로 전쟁이 없어지지 않는 이유가 여기에 있습니다. 그렇지만 어떻게 해도 인간이 소유할 수 없는 것도 있습니다.

첫 번째로 삶은 소유할 수 없습니다. 무언가 소유하기 위해서 우리는 일단 살아 있어야 합니다. 종이가 있어야 그림을 그릴 수 있듯이, 삶은 가치 있는 무언가를 소유할 수 있도록 만드는 '근거'이기에 우리는 삶을 소유할 수 없습니다. 두 번째로 죽음 역시 소유할 수 없습니다. 죽음은 이제부터 아무것도 소유할 수 없다는 '한계'를 뜻하기에 우리는 죽음을 소유할 수 없습니다. 삶과 죽음은 인간이 결코 소유할 수 없습니다. 그래서 우리는 삶과 죽음 앞에서 소유의 무상함을 느낍니다. 〈인간적인 너무나 인간적인〉에서 니체가 "소유가 소유한다"라고 말한 까닭도 이런 맥락이 아닐까요. 소유의 한계점을 넘어가면 도리어 소유가 우리의 주인이 되고, 우리는 노예가 됩니다. 삶이라는 캔버스 위에 죽음이라는 마지막 붓질을 마칠 때까지, 아무리 덧칠하고 또 덧칠해도 남는 것은 겨우 한 장의 그림뿐인 것처럼요.

"Convictions are prisons."

신념은 감옥이다.

Friedrich Nietzsche

Part 4

나를 넘어서려면

첫 번째 — 위대한 것에 비추어 보라

두 번째 — 대지에 두 발로 서라

세 번째 — 익숙한 것을 낯설게 보라

네 번째 — 영혼이 담긴 말을 하라

첫 번째

위대한 것에 비추어 보라

÷ ○ ×

이상적인 삼각형

괴테Johann Wolfgang von Goethe가 82세의 나이에 완성한 걸작 〈파우스트〉에는 이런 대사가 나옵니다.

"인간은 지향하는 한 방황한다."

실로 모순적인 말입니다. 지향이 있다면 방황하지 않아야 하고, 방황한다는 건 지향이 없다는 것인데 말이죠.

종이와 펜을 꺼내어 삼각형을 그려봅시다. 한 치의 오차도 없는 완벽한 정삼각형을 그릴 수 있을까요? 아마 불가능할 겁니다. 우리가 그린 삼각형은 머릿속에서 떠올린 완벽한 삼각형을 최대한 흉내 낸 것에 불과합니다. 이때 삼각형을 그리며 떠올린 완벽한 삼각형을 '삼각형의 이데아' 또는 '삼각형의 형식'이라고 부릅니다. 이 이상적인 삼각형은 우리가 머릿속에서 떠올릴 수는 있지만 절대 도달할 수 없는 지향입니다.

지향은 이상적인 상태이기에 현실에는 존재하지 않습니다. 그래서일까요. 현실적으로 도달할 수 없는 경지인 지향은 삶에서 추구해야 하는 진리나 가치의 기준이 됩니다. 물론 지향을 세우는 사람은 나고, 지향을 유지해 나가는 사람도 나 자신입니다. 지향이라는 표준을 만드는 일이 절대 쉽지는 않습니다만, 지향을 유지하기는 더 어렵습니다. 누가 보더라도 좋은 표준을 만들고, 자신의 말이나 행동으로 표현한 그 표준을 지켜나갈 수 있어야 합니다. 표준을 무너뜨리는 것도, 지향이 흔들리는 것도 모두 나 자신에게 달려있습니다.

÷ ○ ✕

위대함은 부끄러움에서 나온다.

지향은 절대로 도달할 수 없기에 우리의 마음을 흔듭니다. 만약 "나는 이런 사람이 되고 싶다"라고 할 때 나는 분명 '이런 사람'을 향해 가고 있지만, 여전히 '이런 사람'이 아니므로 방황할 수밖에 없습니다. 지향을 세웠다면, 나보다 더 큰 세계가 존재한다고 믿고 그것을 향한 열정으로 내 마음을 채워가야 합니다. 그러면 조금 덜 흔들리지 않을까요? 흔들리는 삶에 의문이 들 때마다 나는 교육학자 이홍우 교수의 말을 떠올립니다.

> 어느 시대 어느 상황에서나
> 삶은 다소 불완전성을 띨 수밖에 없습니다.
> 삶이 잘못된 방향으로 흘러가고 있다고 느끼는 바로 그때,
> 우리는 우리가 경험해 보지 못한 완벽한 삶을 상상하고,
> 그것에 비추어 현재의 삶을 바라보게 됩니다.
> - 이홍우 <교육의 목적과 난점> 中

비추어 볼 수 있는 완벽한 삶이 있다면 우리는 자신을 새로운 관점에서 되돌아볼 수 있습니다. 일상의 익숙함에서 벗어나면 새로운 질문이 생깁니다. 그때 비로소 자신만의 세상을 꿈꿀 수 있습니다. 자신을 무엇에 비추어 보느냐에 따라 삶에 대한 인식이 달라집니다. 어제보다 나은 오늘을 위해서는 위대한 것에 비추어 보아야 합니다. 그렇다면 무엇이 위대한 걸까요? 자신을 부끄럽게 하는 것이라면, 그 어떤 것이라도 위대합니다. 나보다 부족한 것이나 나와 비슷한 것에 견주면 위안이야 얻을 수 있겠죠. 하지만 거기에는 어떠한 성장도 발전도 없습니다. 위대한 것에 비추어야 나의 부족함을 알게 되고 부끄러움을 느낄 수 있습니다. 위

대함은 부끄러움에서 나옵니다. 성장과 발전을 위해 우리에게는 수오지심羞惡之心이 필요합니다.

수오지심은 맹자가 말하는 사단四端의 한 가지입니다. 수오지심의 의미는 '의롭지 못함을 부끄러워하고 착하지 못함을 미워하는 마음'입니다. 이는 다양성과 차이를 존중하는 정신입니다. 수오지심이 있기에 인간은 무언가를 배울 수 있습니다. 위대한 것에 나를 비추어 부끄러움을 느끼고, 영원히 좁힐 수 없는 차이를 메우려 노력해야 합니다. 그러면 오늘보다 더 나은 모습으로 도약할 수 있습니다. 새의 깃털과 밀랍으로 만든 날개를 달고 바다 위를 날아올랐던 신화 속 인물 이카루스를 떠올려 봅니다. 이카루스는 금기를 어기고 태양에 너무 가까이 다가간 바람에 깃털을 붙인 밀랍이 녹아 바다로 추락하고 맙니다. 하지만 그럼에도 이카루스가 창공을 가로질러 태양을 향해 가장 가까이 다가간 인간이라는 사실은 변하지 않습니다. 크나큰 위험이 있음을 알면서도, 이카루스는 결코 도달할 수 없는 지향을 향해 도전했던 것입니다. 절대로 도달할 수 없다고 해서 도전조차 하지 않는다면 영원히 닿을 길이 없습니다. 그러니 우리는 끊임없이 도전해야 합니다.

Pieter Bruegel the Elder(1568·패널에 유채·114×164cm) ⓒ 빈 미술사 박물관

니체표 이상적 인간의 정체는?

니체는 인간이 비추어 볼 대상으로 위버멘쉬Übermensch를 말합니다. 이를 영어로 번역하면 슈퍼맨superman이나 오버맨overman이 됩니다. 슈퍼맨은 뭔가 하늘을 날아다니는 허무맹랑한 힘을 가진 히어로 캐릭터가 연상되고, 오버맨은 흔히 "오버하지마~"라는 식으로 쓰이는 말이라 어감이 썩 좋지 않습니다. 나는 시인 이육사가 〈광야〉라는 시에서 쓴 우리말 '초인'이야 말로 니체의 위버멘쉬를 가장 잘 표현한 단어라고 생각해서, 초인이라는 말을 쓰겠습니다. 니체는 차라투스트라의 입을 통해 처음으로 위버멘쉬, 초인에 대해 언급합니다.

초인은 삶의 목적을 천국이나 유토피아 같은 현실에 존재하지 않는 초월 세계에서 찾지 않습니다. 오히려 가상 세계를 거부하고, 지금 우리가 사는 이곳에서 삶의 의미를 찾습니다. 오로지 이 땅에서, 내가 발을 디딘 대지에서, 현실에서의 삶을 유일한 삶으로 받아들입니다. 니체는 인간이 '힘에의 의지'를 갖고 있기 때문에 이것이 가능하다고 말합니다. 힘에의 의지는 더 큰 힘을 추구하는 인간이 끊임없이 자기 자신을 극복할 수 있도록 만드는 생성의 열정이며, 변화의 에너지입니다. 인간은 매 순간 힘에의 의지를 추구함으로써, 스스로의 의지로 자신의 삶을 결단하고 자기 자신을 극복합니다. 그리고 이렇게 살아갈 때 우리는 초인이 될 수 있습니다.

✳

나 너희에게 초인을 가르치노라.
사람은 극복되어야 할 그 무엇이다.
너희는 사람을 극복하기 위해 무엇을 했는가?
지금까지 존재해 온 모든 것들은
자신 이상의 것을 창조해 왔다.
그런데도 너희는 이 거대한 밀물을 맞이하여
썰물이 되기를 원하며
사람을 극복하기보다는
오히려 짐승으로 되돌아가려 하는가?

–차라투스트라는 이렇게 말했다 中

심연의 밧줄 위에서

> ✳
> 사람은 짐승과 초인 사이를 잇는 밧줄,
> 심연 위에 걸쳐진 하나의 밧줄이다.
> 저편으로 건너가는 것도 위험하고,
> 건너가는 과정도 위험하고,
> 뒤돌아보는 것도 위험하고,
> 벌벌 떨고 있는 것도 위험하고,
> 멈춰 서는 것도 위험하다.
> 사람의 위대함은 그가 다리일 뿐
> 목적이 아니라는 데 있다.
> - 차라투스트라는 이렇게 말했다 中

니체는 인간이란 짐승과 초인이라는 양쪽을 잇는 밧줄이라 했습니다. 외줄을 타는 광대의 모습을 떠올려 볼까요? 상상만 해도 아찔합니다. 외줄 위에서 살짝만 발을 헛디뎌도 까마득한 저 아래로 떨어지고 말겠지요. 초인으로 나아가는 것, 짐승으로 되돌아오는 것, 혹은 그 자리에 그대로 멈춰 서는 것, 모두 위험합니다. 손을 잡아 줄 사람도 없고, 안전장치도 없는 높은 외줄에서 떨어지지 않으려면 어떻게 해야 할까요? 바로 멈추지 않고 나아가야 합니다. 이처럼 인간이란 완성된 존재가 아니라 끊임없이 나아가는 과정적 존재입니다. 우리는 자신의 선택에 따라 소박한 삶을 살 수도 있고, 세련된 삶을 살 수도 있습니다.

누구나 될 수 있지만,
아무나 될 수 없는 존재

> ✷
> 보라, 나는 너희에게 초인을 가르치노라!
> 초인이 대지의 뜻이다.
> 너희의 의지로 하여금 말하게 하라.
> 초인이 대지의 뜻이 되어야 한다고!
> 형제들이여, 맹세코 이 대지에 충실하라.
> 하늘나라에 대한 희망을 설교하는 자들을 믿지 말라!
> – 차라투스트라는 이렇게 말했다 中

초인이 현실에서 삶의 의미를 찾는다고 해서, 이를 단순히 부귀영화 같은 세속적인 성공에 대한 지향이라고 판단하면 안 됩니다. 니체에게 초인은 삶의 목적이며, 주체적인 삶을 영위하는 '주인 도덕'을 실천하는 사람입니다. 초인은 자기 자신을 극복하며 자기 창조적 삶을 삽니다. 초인은 결국 '표현 이전의 표준'에 비추어 끊임없이 자신의 규격화된 인식을 깨트려 나갈 뿐입니다. 물론 인간 존재를 벗어난 별도의 이상적 존재가 있는 건 아닙니다. 비록 인간이 신처럼 이상적인 존재가 될 수는 없지만, 모든 인간은 이상적인 존재가 될 수 있는 잠재 가능성을 지니고 있습니다.

그런데 여기서 의문이 하나 생깁니다. 초인이 자신의 의지에 따라 삶을 결단하고 자신을 극복할 때, 그 행동이 옳은지 그른지의 기준은 무엇으로 삼아야 할까요? 개인의 의지(즉 힘에의 의지)에 따라 행동했다고 해서 모든 행동이 선한 것은 아닐 텐데 말이죠. 만약 개인의 의지에 따른 행동을 판단하는 데 필요한 기준을 개인의 행동 그 자체로 삼는다면, 이는 기준 자체를 부정하는 꼴이 됩니다. 그래서 개인의 의지에 따른 행동이 선한지 아닌지 판단하는 기준은 그 행동의 '너머에' 있다고 봐야 합니다. 현실 세계에서 옳고 그름을 판단하고자 할 때는 그 행동과 전혀 다른 차원에 있는 초월 세계에 비추어 볼 수밖에 없습니다. 그래서 초인은 힘에의 의지라는 자기 내면에서 솟아나는 의욕을 기준으로 세상에 대한 가치를 평가하는 사람을 부르는 말입니다. 앞서 언급한 디오니소스적 종합이라는 형이상학적 도식을 실천하는 사람(현실에서 이상을 실현하고자 하는)을 다른 사람과 구분하기 위한 표현이기도 합니다.

초인은 공자가 일흔 살에 도달하고자 했던 종심소욕불유구從心所欲不踰矩, 즉 "마음이 하고자 하는 바를 따라도 법도에 어긋나지 않는 상태"와 같으며, 칸트Immanuel Kant가 염원했던 "자연(욕망의 원천)과 도덕(이성의 과제)이라는, 이론적으로 완전히 이질적인 두 가지 개념이 일치하는 상태"와 같습니다.

초인과 대장부

표현 방법은 다르지만, 여기에 초인과 닮은 개념이 있습니다. 바로 맹자가 제시한 '대장부大丈夫'입니다.

居天下之廣居
천하의 넓은 집에 살며
立天下之正位
천하의 올바른 자리에 서며
行天下之大道
천하의 큰길을 가는 사람
得志與民由之
사람들의 지지를 얻으면 그 뜻을 받들고

不得志獨行其道
사람들의 지지를 얻지 못하면 홀로 길을 가는 사람
富貴不能淫
부귀의 유혹도 그 마음을 더럽히지 못하며
貧賤不能移
가난의 어려움도 그 마음을 바꾸어 놓지 못하며
威武不能屈
무력의 위협도 그 마음을 굽히지 못하는 사람
此之謂大丈夫
이런 사람을 일컬어 대장부라고 한다.

- 맹자 <등문공(滕文公) 下 2>

대장부는 넓은 관점에서 세상을 바라보며 약자의 편에 서서 정의를 실천하는 사람입니다. 대장부는 다른 사람의 지지를 얻으면 솔선수범하여 의를 행하고, 지지를 얻지 못하더라도 혼자서 올바른 길을 걷는 사람입니다. 돈과 지위 명예에 마음이 흔들리지 않고, 경제적 어려움이 있어도 추구하는 바를 바꾸지 않으며, 무력의 위협에도 자신의 의지를 굽히지 않습니다. 각종 유혹과 협박, 어려움에도 처음의 마음이 변치 않는 사람을 대장부라고 합니다. 풀어 놓고 보니, 대장부의 모습은 보통 사람이 절대 도달할 수 없는 경지인 듯합니다. 그렇다고 해서 대장부가 우리 삶과 아무 관련이 없는 건 아닙니다. 우리도 지금보다 더 나은 삶을 살아가려 애쓰고 있으니까 말이죠. 이 같은 마음이 있다면 이미 대장부처럼 도달할 수 없는 이상적 삶을 가정하고 있는 것입니다. 마음속에 대장부의 모습을 지니고, 항상 대장부처럼 살아가려고 노력한다면, 그 모습에 가까이 다가갈 수 있습니다.

÷ ○ ×

다이죠부데스

누구에게나 자신만의 길이 있습니다. 운이 좋아 나의 뜻을 알아주는 사람을 만나면 함께 그 길을 가면 됩니다. 아무도 알아주지 않는다면 혼자서 가면 됩니다. 물론 그 길이 쉬운 길은 아니겠죠. 혼자서 나아가는 길은 바람처럼 세상의 틀에서 벗어나야 합니다. 사자처럼 거침없이 살기 위해서는 용기가 필요합니다. 연꽃처럼 고귀한 삶은 고독이 함께하겠지요. 사람들은 돈과 명예를 추구하지 않으면 가난하고 볼품없는 삶을 살게 될 거라고 말합니다. 하지만 괜찮습니다. 많은 재산과 높은 지위를 주겠다고 유혹하거나, 비루한 삶을 살게 될 거라며 위협해도 굴하지 않고 나의 길을 나아가는 사람이야말로 대장부이며, 초인입니다. 자신의 개성에 따라 사는 그 길을 의심할 필요는 없습니다. 꿋꿋하게 걸어가도 괜찮습니다. "괜찮다"는 뜻의 일본어 다이죠부大丈夫가 대장부와 같은 한자를 쓰더군요. 나는 이 말을 마주칠 때마다 자연스럽게 대장부의 의미가 떠오릅니다. 우리는 모두 대장부大丈夫의 마음을 가지고 태어났습니다.

그러니까 다이죠부데스大丈夫です!

두 번째

대지에 두 발로 서라

÷ ○ ×

청춘 돼지는
바니걸 선배의 꿈을 꾸지 않는다.

　누구나 한 번씩 사춘기를 겪습니다. 목소리가 바뀌고 신체가 달라집니다. 그리고 마음에도 많은 변화가 찾아옵니다. 애니메이션 〈청춘 돼지는 바니걸 선배의 꿈을 꾸지 않는다〉에서는 사춘기 청소년의 몸과 마음의 변화를 아주 흥미로운 설정으로 묘사합니다. '사춘기 증후군'은 작품 속에서 청소년만 걸리는 병입니다. 사춘기 증후군에 걸리면 정신적인 상처가 물리적 상처로 바뀌거나, 똑같은 시간을 계속 되풀이하는 등 불가사의한 현상을 겪게 되죠. 작품의 여자 주인공 마이는 사람들에게 자신의 존재가 서서히 희미해지는 사춘기 증후군에 걸립니다. 마이가 사람들이 모여 있는 도서관에 바니걸 차림으로 돌아다녀도 아무도 그녀의 존재를 인식하지 못합니다. 마치 길가의 돌이 된 것처럼 말이죠. 돌은 흔하게 볼 수 있지만, 돌부리라도 걸리지 않는 한 평소 그것을 신경 쓰는 사람은 거의 없습니다. 마이의 상태가 꼭 그렇습니다.

이 작품을 보고 나는 문득 '존재란 무엇일까?'라는 생각이 들었습니다. 나의 존재, 실존적 존재, 존재감이 없다, 등등. 우리는 존재라는 말을 무심코 씁니다. 그런데 엄밀히 말하면, 우리가 파악할 수 있는 것은 존재가 아니라 존재자입니다. 존재는 존재자로밖에 표현될 수 없지만, 존재자가 곧 존재라고 볼 수는 없습니다.

지금 이 페이지에서 잘난 듯 떠들고 있는 나라는 존재도 그렇습니다. 여러분은 이 글을 쓴 작가의 존재를 파악할 수 있다고 생각하나요? 나라는 존재는 지금 여러분이 보고 있는 활자만으로는 파악할 수 없습니다. 나에게는 모니터에 머리를 파묻고 일하는 모습, 강의하는 모습, 아이와 함께 노는 모습, 카페에서 글을 쓰는 모습, 수많은 모습이 있습니다. 매 순간 보이는 단편적인 나의 모습은 그저 존재자일 뿐, 내 존재에 대해서 그 누구도 규정할 수 없습니다. 우리가 존재라고 생각하는 모든 것들이 사실 존재자에 불과합니다.

> ✦
> 그대들은 그대들의 감각으로 파악한 것을
> 끝까지 생각해야만 한다.
> 그대들이 세계라고 이름 지은 것,
> 그것은 먼저 그대들에 의해 창조되어야 한다.
> – 차라투스트라는 이렇게 말했다 중

÷ ○ ×

존재가 사라지는 순간

사실 존재는 원래부터 확정될 수 없습니다. 그러니 〈청춘 돼지는 바니걸 선배의 꿈을 꾸지 않는다〉의 묘사에는 오류가 있습니다. '확정되지 않은 존재'라는 표현 자체가 성립하지 않기 때문입니다. 마찬가지로 존재가 타인에게 인식되지 않는다고 해서 사라진다는 말도 성립하지 않습니다. 그럼에도 '아무도 그의 존재를 인식하지 못하면, 그 사람 자체가 사라진다'는 작품의 설정은 함께 곱씹어 볼 필요가 있다고 생각합니다.

만일 아무도 나의 존재를 인식하지 못하면 어떻게 될까요? 나의 존재를 인식하는 사람이 한 명도 없다면, 나의 존재는 사라질까요? 아마 아닐 겁니다. 하지만 누군가에게 어떤 존재가 의미를 갖지 않는다면, 그 존재가 사라질 수도 있겠다는 생각이 듭니다. 누군가에게 잊혀진다는 것은 더 이상 그 사람에게 나의 존재가 아무런 의미도 없다는 뜻이기 때문입니다. 그렇다면 적어도 그 사람에게 나는 이 세상에 존재하지 않는 것과 같습니다. 적어도 그 사람에게는 그렇단 말이죠.

나의 존재는 내가 정하는 것이다.

"실존이 본질에 앞선다." 실존주의 철학자 사르트르Jean-Paul Sartre가 남긴 유명한 말입니다. 본질은 그 개체만이 가지고 있는 독특한 성질입니다. 실존은 타인이 규정한 본질을 그대로 수용하는 것이 아니라, 이를 자신의 결단과 선택에 따라서 규정한다는 뜻입니다. 그래서 실존이 본질에 앞선다는 말은 무언가를 규정할 때 남이 정한 바를 그대로 받아들이는 것이 아니라 내가 본 현상의 의미를 스스로 끊임없이 고민하여 파악한 나의 해석이 우선한다는 말입니다. 나라는 사람이 누구인가는 타인에 의해 규정되지 않습니다. 자기 자신에 대해 스스로 규정할 때 비로소 납득할 수 있습니다. 다음은 내가 나를 표현한 짧은 글입니다. 여러분도 노트와 펜을 꺼내어 자신에 대해 적어 보시기 바랍니다.

> 명함 속 나는 '수석' 입니다
> 머릿속 나는 '학자' 입니다.
> 하지만, 마음속 나는 '교사' 입니다.

꽃이 언제나 아름다운 것은 아니다.

타인의 존재도 마찬가지입니다. 예를 들어 내가 어떤 사람을 잘 알고 있다고 생각할 수 있죠. 그런데 어느 날 새로운 상황에서 내가 규정한 모습과 너무나도 다른 그의 모습을 본다면 어떨까요? 그는 여태까지 내가 '규정한 사람 being'이 아니라는 것을 알게 될 겁니다. 당연한 일입니다. 그 사람은 자신이 당면한 현실에 맞추어 스스로 끊임없이 창조해 가는 존재이니까 말이죠. 그러니 어떤 이의 존재를 내가 마음대로 규정한다고 해서, 그것을 그 사람의 진정한 존재라고 말할 수 없습니다. 그는 자기 스스로 선택과 결단을 내리며 '지금, 여기'를 살아가는 '실존적 존재 becoming'이기 때문입니다.

꽃의 존재도 똑같습니다. 흔히 누군가를 축하하거나, 선물을 줄 때 꽃을 함께 건네곤 합니다. 꽃의 아름다움은 특별한 날을 기리는 기쁨의 의미를 담고 있습니다. 그렇지만 만약 꽃으로 따귀를 맞은 사람이 있다면, 그의 기억 속에서 꽃은 아픈 감정으로 피어날 뿐입니다. 그에게 꽃은 다른 이들이 찬양하는 아름다운 대상이 아니게 되는 거죠. 그러니 꽃이 언제나 아름다운 것만은 아닙니다. 꽃도 사람도 모두 아름다울 때와 추할 때가 있는 법입니다.

꽃의 용도를 인간이 규정하듯이, 인간의 쓰임과 가치도 인간이 규정합니다. 인간이 인간을 규정할 때, 이를 인간다움이라고 합니다. 우리는 흔히 '호모 ○○○' 혹은 '○○하는 인간'이라는 표현으로 인간다움을 규정합니다. 호모 사피엔스(생각하는 인간), 호모 심비우스(공생하는 인간), 호모 이코노미쿠스(경제적 인간), 호모 루덴스(놀이하는 인간), 호모 파티엔스(고통받는 인간), 호모 파베르(만드는 인간) 등 호모 시리즈는 한도 끝도 없이 만들 수 있으며, 너무 많아 여기에 모두 나열할 수조차 없습니다. 이처럼 우리가 스스로 규정하는 인간다움은 '인간이 이러한 특성을 갖는다'라는 답을 찾았다고 말합니다. 그러나 한편으로 인간다움이라는 것이 정말로 있기는 한 건지 의문이 들기도 합니다. 우리가 인간다움을 이러저러하다고 규정하는 순간, 그 규정을 벗어날 수밖에 없는 것이 인간이라는 존재의 본질이기 때문입니다.

+ ○ ×

당신도 실존주의자다.

사르트르가 자신의 책 제목을 〈존재와 무〉라고 정한 것은 "인간에게 미리 주어진 본질이란 없다"는 말을 하고 싶었기 때문 아닐까요? 인간이 자신의 본질을 스스로 만들어 가는 존재임을 천명한 것이죠. 인간은 자신으로부터 거리를 둘 수 있기에 자기 자신을 반성할 수 있습니다. 그래서 자신의 의지에 따라 과거나 현재의 모습과 전혀 다른 미래의 모습을 결정할 수 있습니다. 실존은 항상 본질에 앞섭니다. 비단 니체나 사르트르뿐만 아니라 키에르케고어, 하이데거, 야스퍼스도 모두 실존이 본질에 앞선다고 주장했습니다. 그래서 이들을 실존주의자라고 부릅니다. 여기서 언급한 위대한 사상가들 외에도 지금 순간을 자신답게 살아가는 사람은 모두가 실존주의자입니다. "나는 선택한다. 그래서 나는 존재한다." 이와 같은 생각으로 오늘도 매 순간 자신의 삶을 살아간다면, 당신도 실존주의자입니다.

> ✷
> 우리는 늘 우리에 대해
> 필연적으로 아무 관계가 없는 타인이다.
> 우리는 우리 자신을 이해할 수 없다.
> 우리는 늘 우리를 잘못 해석할 수밖에 없다.
> '각자가 각자에게 가장 먼 사람이다'라는 격언이
> 영원히 적용될 뿐이다.
>
> – 도덕의 계보 中

 니체는 〈도덕의 계보〉에서 우리가 스스로를 잘 알지 못한다고 말합니다. 어쩌면 인생의 가장 중요한 사명mission은 나라는 독특한 존재를 온전히 이해하는 것일지도 모릅니다. 내가 누군지 알게 될 때, 비로소 나아가야 할 길을 자각할 수 있습니다. 자신의 길을 명확하게 정했다면, 다음으로 할 일은 그 길을 부지런하게 걸어가는 일입니다. 여러분은 자기 자신에 대해 얼마나 이해했나요? 나를 파악하는 일은 오직 나에 의해서만 가능합니다. 나와 나를 제외한 나머지 세계를 나누는 기준은 내가 나를 알아차렸다는 데 있습니다. 자기 자신에 대해 파악하지 못한다면 삶을 제대로 살아갈 수 없습니다. 그러므로 "나는 나에 대해 얼마나 알고 있는가?" 이 질문이야말로 나를 넘어서기 위해 내딛는 첫 번째 발걸음입니다.

자화상(2019·캔버스에 유채·53×41cm) ⓒ RYU JAE HOON

＋ ○ ✕

이판과 사판

화제의 넷플릭스 드라마 〈더 글로리〉에서 본격적인 복수를 시작한 주인공 문동은은 학교폭력 가해자 이사라가 있는 교회를 찾아가 이렇게 도발합니다. "넌 진짜 신이 있다고 생각해?" 사라가 발끈해서 대답합니다. "너 방금 그 말, 신성모독이야. 다 커서 만나니까 이판사판이다, 이거야?" 이에 동은이 사라를 비웃으며 이렇게 대답하죠. "큰일 나, 사라야. 이판사판은 원래 불교 용어야."

실제로 이판사판은 불교에서 유래한 말입니다. 불교에서는 속세를 벗어나 깨달음을 추구하는 수행자를 출가자出家者라 하고, 세속적 삶을 살면서 깨달음을 추구하는 수행자를 재가자在家者라 합니다. 이판理判은 출가자가 활동하는 '수행의 장'이고, 사판事判은 재가자가 활동하는 '세속의 장'입니다. 그런데 어쩌다 이판사판이 드라마 속 대사처럼 '너 죽고 나 죽고'라는 뜻이 되었을까요? 출가자와 재가자는 서로 다른 삶의 맥락에서 동일한 깨달음을 추구하는 인간의 모습입니다. 물론 출가자라고 하여 다 제대로 된 출가자가 아니며, 재가자라 하여 다 제대로 된 재가자는 아닙니다. 다만 바람직한 출가자라면, 바람직한 재가자라면, 어떠해야 한다는 규정성만을 말할 수 있습니다. 그런데 출가자와 재가자가 서로 비난하고 싸운다면 어떻게 될까요? 아는 사람이 더 무섭다고, 전쟁이 따로 없을 겁니다. 그러한 모습을 비판할 때 사용한 말이 바로 이판사판입니다. 그래서 우리는 이 말을 잊지 말아야 합니다.

> "이판 없이 사판 없고,
> 사판 없이 이판 없다."

÷ ○ ✕

악취를 풍기는 것마다 지혜가 숨겨져 있다.

과거 건설 현장 막노동은 '노가다'라고 불리던 고된 노동의 대명사였습니다. 그래서인지 영화나 드라마에서 사업에 실패한 주인공이 공사판에서 땀 흘려 일하며 화려한 복귀를 꿈꾸는 클리셰를 꽤 흔하게 볼 수 있죠. 이런 연출 속 공사판은 말하자면 사회적으로 죽은 사람이 다시 살아나기 위해 몸부림치는 장소인 겁니다. 이들은 공사판에서 고통스러운 일을 하며 몸과 마음을 수련합니다. 어찌 보면 이것이야말로 신성한 노동 아닐까요? 물론 신성한 노동, 신성하지 않은 노동이 따로 있는 건 아닙니다. 오히려 어떤 노동이든지 스스로 부여하는 의미에 따라 신성한 것이 될 수 있습니다.

신성한 노동과 관련하여 널리 알려진 '벽돌공 우화'가 있습니다. 지나가는 사람이 세 명의 벽돌공에게 지금 무엇을 하고 있는지 물었습니다. 첫 번째 벽돌공이 대답했습니다. "벽돌을 쌓고 있습니다." 두 번째 벽돌공이 대답했습니다. "교회를 짓고 있습니다." 그리고 세 번째 벽돌공이 대답했습니다. "하나님의 성전을 짓고 있습니다."

누군가는 벽돌공 우화는 생업, 직업, 천직을 나누는 기준을 알려주는 이야기라고 합니다. 그러나 내 생각은 조금 다릅니다. 나는 벽돌공의 우화가 성스러움은 속된 일상에서 찾아야 한다는 것을 보여준다고 생각합니다. 우리 일상을 돌이켜 봅니다. 먹고 싸고, 울고 웃고, 일하고 쉬고, 자고 섹스하고, 현실은 참으로 속된 것이지요. 그렇다고 해서 성스러움이 세속적인 우리 현실과 동떨어져 있지는 않습니다. 성聖이 있다면, 그것은 오직 속俗에서 발현된 것일 뿐입니다. 공사판에서 벽돌을 쌓는 간단한 일이라도, 그 일에서 의미를 찾고 새로운 깨달음을 얻었다면 이는 성스러운 일입니다. 그렇기에 니체는 〈차라투스트라는 이렇게 말했다〉에서 "악취를 풍기는 것마다 지혜가 숨겨져 있다"고 말한 것입니다.

> ✦
> 구토가 날개를 만들고, 샘물을 발견한다.
> 아무리 훌륭한 책이라도 읽다 보면
> 구역질이 끓어오르게 하는 지혜가 숨겨져 있다.
> 오, 나의 형제여. 세상이 오물로 뒤덮였다는 말은
> 세상이 지혜로 가득 차 있다는 말과 같은 뜻이다.
> - 차라투스트라는 이렇게 말했다 中

╌ ○ ✕

용기의 주문을 외워라, 이판사판 공사판!

차라투스트라처럼 악취 가득한 곳에서 세상의 지혜를 찾았다고 해도, 이것이 영원히 지속되지는 않습니다. 속된 일상에서 성스러움을 발견하더라도 우리는 어느 순간 이를 잊어버린 채 다시 속된 것으로 되돌아가 버립니다. 종교학자 미르체아 엘리아데Mircea Eliade는 이러한 현상을 '성聖과 속俗의 변증법'이라고 말합니다.

正(俗) → 反(聖) → 合(새로운 俗)

성과 속의 변증법적인 순환은 우리 삶에서 끊임없이 일어납니다. 자기 일에서 어떤 의미를 찾았다가도, 반복되는 일상에서 이를 다시 당연하게 여깁니다. 의식하지 않으면 금세 일의 의미를 잃어버리고 말죠. 그렇기에 일상에서 비非일상을 찾고자 노력하는 사람에게는 통념에서 벗어나 늘 대상을 새롭게 바라보려는 힘이 필요합니다. 이를테면 아들 교육을 위해 3번을 이사한 맹자 어머니의 일화, 맹모삼천지교孟母三遷之敎를 생각해 볼까요? 누군가는 이를 자녀 교육을 위해서는 좋은 동네로 이사해야 한다는 뜻으로 받아들일 수도 있습니다. 그렇다면 맹모삼천지교는 그저 학군 좋은 동네의 집값 상승을 부추기는 이야기에 불과할 것입니다. 한편 이를 맹자 어머니가 묘지, 시장, 학당으로의 이사를 거치며 일상 속에서 죽음, 노동, 배움의 가치를 체험하도록 했다고 이해할 수도 있습니다. 이때 맹모삼천지교는 일상에서 성스러움을 찾는 이야기가 됩니다.

우리는 삶의 의미 찾기를 게을리해서는 안 됩니다. 삶에서 의미를 찾는 일은 일상에서 성스러움을 발견하고자 하는 끊임없는 노력을 뜻합니다. 이것이 바로 니체가 말하는 강자의 속성입니다. 강자는 독립적이며, 내 삶의 의미를 나의 바깥에서 찾지 않습니다. 그래서 나는 소망합니다. 속된 현실에 휩쓸려 그냥 주저앉기보다는 그 안에서 성스러움을 발견하고 싶습니다. 삶의 의미를 찾아 평범한 일상을 즐거운 축제로 만드는 사람이 되고 싶습니다. 이판사판 공사판, 이제는 잘 쓰이지 않는 이 말을 다시 입안에서 굴려 발음해 봅니다. 이 말은 이것저것 가리지 않고 무엇을 해내고자 할 때, 두 주먹을 불끈 쥐고 외치는 용기의 주문이 됩니다.

세 번째

익숙한 것을 낯설게 보라

모든 일은 생각하기 나름

 살면서 괴로운 기억이나 상처 입은 마음 따위는 버리고 싶다고 생각한 적이 있을 겁니다. 기억과 마음에는 무게가 없지만, 우리는 자주 이런 마음을 무겁다고 표현하죠.

 내가 정말 좋아하는 소설인 니시오 이신의 〈괴물 이야기〉에서는, 기이하고 신령스러운 존재인 '게의 괴이怪異'에게 고통스럽고 무거운 마음을 빼앗긴 소녀가 등장합니다. 게의 괴이는 소녀의 마음과 함께 체중도 가져가 버려서, 그녀는 고작 2.7kg의 몸무게를 갖게 됩니다. 소녀는 결국 자신의 무거운 마음, 고통의 무게는 스스로 짊어져야만 하는 것임을 깨닫습니다. 그래서 이를 대신 짊어주던 게의 괴이로부터 자신의 체중을 되찾습니다. 물론 체중이 원래대로 돌아왔다고 해서 이미 파탄이 난 가정 상황이 나아지거나, 사이비 종교에 빠져 떠나간 어머니가 돌아오는 건 아닙니다. 그렇지만 소녀는 의연하게 말합니다.

"아무것도 변하진 않았어.
게다가 결코 헛됨도 없었어.
적어도 소중한 친구 한 명이 생겼으니까."

모든 일은 생각하기 나름입니다. 누구나 어떤 방식으로든 생각에 의존합니다. 그래서 무지에 머물기보다는 차라리 번듯한 허위나 그럴듯한 미신을 믿고자 합니다. 우리는 사이버 렉카가 무지성으로 던진 '떡밥'을 덥석 물거나, 익명 사이트에 떠도는 '카더라'를 진짜라고 믿기도 합니다. 역술가가 '점지'한 주식이나 건물에 검증 없이 투자하기도 합니다. 물론 허위나 미신에 의존한 결정이 꼭 나쁜 것만은 아닙니다. 운 좋게 잘 될 수도 있죠. 하지만 이런 요행만으로는 삶의 아포리아(해결 불가능한 모순이나 난제)를 해결할 수 없습니다. 그렇기에 세상을 바라보는 자신만의 틀이 필요한 겁니다.

✣ ○ ✕

세상을 바라보는 나만의 거울

우리가 세상을 바라보는 틀을 이데올로기ideology라고 합니다. 이데올로기는 종종 '의심의 여지도 없이 옳은 것으로 받아들이고 있거나 받아들이도록 강요하는 신념 체계'라는 의미로 사용하기도 합니다. 하지만 이데올로기는 좋고 나쁨의 문제가 아니라 가치중립적 용어입니다. 이데올로기는 관념을 뜻하는 idea와 학문 분야를 뜻하는 logos의 합성어로, 관념에 대한 학문, 관념학이라고도 부릅니다. 관념학은 개인과 사회가 마땅히 추구해야 하는 이념은 무엇인지, 그것의 실현을 방해하는 요인은 무엇인지, 그것을 실현하기 위해 무엇을 해야 하는지에 대한 진지한 논의에서 출발했습니다. 요컨대 관념학은 관념에서 벗어나 이념으로 나아가는 방법을 찾는 학문입니다.

영국의 철학자 프랜시스 베이컨Francis Bacon은 그의 저서 〈노붐 오르가눔〉에서 관념과 이념에 대해 말합니다. 베이컨은 인간의 마음을 세계를 비추는 거울에 비유합니다. 세계를 이념으로 보고, 이를 비추는 거울을 관념이라고 한다면 어떨까요? 세계라는

이념을 얼마나 정확하게 마음에 담는가는 이를 비추는 거울이 얼마나 깨끗한가에 달려있을 겁니다. 거울에 먼지나 티끌이 묻어 있다면 그만큼 세계를 제대로 볼 수 없겠지요. 베이컨은 마음이라는 거울에 앉은 먼지나 티끌을 '우상'이라고 부릅니다.

> ✻
> 내가 약속할 수 있는 최후의 것은 오직 이것뿐이다.
> 나는 인간을 '개혁'할 것이다.
> 그렇다고 어떤 새로운 우상을 만들겠다는 뜻은 아니다.
> 저 낡은 우상들에 대해서 진흙으로 만든 두 다리가
> 무엇에 걸려 넘어지는지만 알아내면 그만이다.
> 우상, 이것은 이상을 뜻하는 나만의 단어다.
> 우상을 전복시키는 것,
> 이것은 오래전부터 내 목숨을 걸고
> 수행해 온 나의 임무이다.
>
> – 이 사람을 보라 中

 니체 역시 목숨을 걸어서까지 우상을 뒤집어엎고자 했습니다. 과연 니체가 말하는 우상은 무엇인가요? 우상(관념)은 그 반대편에 있는 이상(이념)과의 비교를 통해 그 차이가 드러납니다. 이상은 형이상학적인 것으로 어떤 형태나 모습이 없으므로 말로 표현할 수 없습니다. 그런데 우상은 형이하학적인 것으로, 사람마다 다르겠지만 어쨌든 구체적인 형태나 모습으로 표현할 수 있습니다. "이상형이 무엇인가요?"라는 질문은 우리가 자주 이야깃거리로 삼는 단골 소재인데요. 만약 "차은우를 닮은 사람이요"라는 구체적인 형상을 바라고 물은 것이라면 질문이 조금 달라져야 합니다. "우상형이 무엇인가요?"라고 묻는 것이 정확한 표현입니다.

인간이 참된 것을 인식하지 못하게 방해하는 선입견, 편견, 오류는 모두 우상입니다. 우상은 우리의 새로운 인식을 방해하고 기존의 생각에 의지하게 만듭니다. 우상이라는 먼지로부터 마음의 거울을 깨끗하게 하려면 우선 그것의 존재를 제대로 인식하고 있어야 합니다. 베이컨이 "아는 것이 힘이다"라고 말한 이유도 여기에 있습니다.

÷ ○ ×

신념은 언제나 옳다?

신념이라는 단어를 사전에서 찾아보면 '굳게 믿는 마음'이라고 나옵니다. 그런데 니체는 〈인간적인 너무나 인간적인〉에서 신념에 대해 이렇게 말합니다. "확고한 신념이야말로 자유로운 사고를 가로막는 감옥이기에, 인간이 진리를 발견하는 데 있어서 거짓말보다 더 큰 방해가 된다." 니체가 이렇게 주장한 이유가 궁금하지 않나요? 물론 굳게 믿는 마음, 그 자체가 나쁜 것은 아닙니다. 아니, 오히려 굳게 믿는 마음은 일상에서 마주치는 각종 유혹과 시험에서 자신을 지키는 힘이 되기도 합니다. 그러나 굳게 믿는 마음이 진리와 관련을 맺을 때 문제가 생깁니다. 흔히 진리의 앞에 당연한 듯 '불변의'라는 수식어가 붙곤 합니다. 우리는 진리는 절대 변하지 않고 늘 한결같은 고정된 것으로 여깁니다. 하지만 변화하지 않는 것을 굳게 믿는 마음은, 그것이 무엇이든지 간에 배타적인 성격을 띠게 됩니다. 고대 이집트 수학자이자 철학자인 히파티아의 일대기를 다룬 영화 〈아고라〉의 한 장면이 이를 잘 보여줍니다. 기독교 주교가 되어 돌아온 제자가 개종을 강요하자, 히파티아는 이렇게 답합니다. "넌 네가 믿고 있는 것에 대해 의문을 제기하지 않아. 혹은 그럴 수 없거나. 하지만 난 그래야만 해." 하지만 그녀는 결국 확고한 신념에 가득 찬 광신도들에 의해 처참하게 살해당합니다. 나의 신념이 상대방의 신념과 충돌할 때, 오로지 자신의 신념만이 옳다고 주장하는 사람이 있습니다. 이렇듯 일방적인 믿음을 강요하는 잘못된 복음주의로는 절대 세상을 구제할 수 없습니다. 그래서 니체는 신념에 매달리는 자는 무법자가 되기 쉽다고 말합니다.

> ✶
> 새로운 신념에 매혹된 적이 없는 자.
> 아직도 처음 걸려든 그 신념의 그물에
> 언제까지나 매달리려 하는 인간은
> 어떤 말 못 할 사정이 있든 간에 변할 수 없는
> 그의 신념으로 말미암아 뒤처진 문화의 대표자가 되곤 한다.
> 이런 부류의 인간은 낯설고, 어리석으며,
> 가르치는 것이 불가능하고, 괴팍하며,
> 영원한 비방자로 남는다.
> 이들은 자신의 뒤떨어진 관념을 강요하고자
> 갖가지 수단을 동원하는 무법자가 되기 쉽다.
> 그들은 다른 의견이 자신의 주변에서 떠돈다는 사실을
> 도무지 받아들이려 하지 않는다.
> - 인간적인 너무나 인간적인 中

÷ ○ ✕

잠깐, 일단 판단 중지!

신념은 양날의 검입니다. 물론 신념에 의존하면 삶에서 확고한 의미와 방향을 갖게 되고, 살아갈 힘을 얻을 수 있습니다. 그러나 그 대가로 다양한 신념을 자유롭게 비교할 수 있는 사고의 폭

과 주체적 사고 능력을 상실하게 됩니다. 특히 니체는 절대불변의 진리란 없기에 확고한 신념이야말로 진리의 발견을 가로막는다고 말합니다. 자기 강화를 위한 수단으로 신념을 활용해야 하는 것이지, 만일 신념에 사로잡힌다면 신념의 노예가 되어버릴 수 있습니다. 그렇다면 니체는 신념의 노예가 되지 않기 위해 어떤 방법을 썼을까요?

고전문헌학을 전공한 니체는 고대 희랍 고전에 대한 이해를 바탕으로 전통적 가치를 회복하고자 했습니다. 니체가 전공한 고전문헌학은 과거의 문헌을 읽을 때 연구자에게 어떤 특수한 마음가짐을 요구합니다. 그것은 현재 내가 가진 정보나 지식을 일단 '괄호 속에 넣어야 한다'는 것입니다. 이를 현상학에서는 '판단 중지'라는 뜻의 에포케epoche라는 말로 표현합니다. 에포케는 대상에 대해 갖고 있던 기존의 생각을 보류하고, 이를 다양한 관점에서 다시금 이해하는 과정입니다. 기존의 생각을 의심하고 새로운 질문을 형성하는 과정이기도 하죠. 이러한 가치중립적 방법을 활용하지 않고서는 시대와 공간이 다른 사람들을 이해하거나 공감하기 힘들기 때문입니다.

╬ ○ ╳

익숙함과 결별하라.

남들과 똑같이 사는 그저 그런 사람이 되고 싶은 사람은 아무도 없습니다. 누구나 자기 삶에서는 주인공이니까요. 하지만 평범하지 않은, 특별한 사람이 되는 사람은 극소수에 불과합니다. 평범한 사람이 되는 길, 그러니까 쉽고 안정적인 행동 양식에서 벗어나기가 무척 어렵기 때문입니다. 광활한 유튜브 콘텐츠에 빠져들기는 참 쉽지만, 영상을 만들어 내기는 어려운 것처럼요. 스포츠 경기도 영상으로 보면 쉬워 보이지만, 막상 직접 해보라고 하면 엄두도 안 날 만큼 어렵습니다. 여러분, 특별한 삶을 살고 싶은가요? 그렇다면 자기만의 길을 찾아 나서는 독창적인 사람이 되어야 합니다. 남들처럼 살면 남들처럼 될 뿐입니다.

물론 남들과 다르게 생각하고 행동하는 일이 결코 쉽지는 않습니다. 기존의 것을 바꾸고 관성을 따르기는 쉽지만, 그것을 깨부수기는 어렵습니다. 지금 나의 모습은 이제까지의 생각과 행동이 만들어 낸 결과입니다. 그러니 맹목적 익숙함에 결별을 고하지 않는 한, 미래는 바뀌지 않습니다. 이때 필요한 것이

"익숙한 것을 낯설게 보기"입니다. 지금 내가 행동하고, 생각하고, 욕망하는 것들이 '진정한 내가 아닐 수 있다'는 자기 내면의 목소리에 귀를 기울여야 합니다. 살다 보면 나의 신념을 뒤흔드는 처절한 자기 파괴적 경험에 빠지는 순간이 있습니다. 이 과정에서 자신의 신념을 고수하며 변화를 철저히 거부할 수도 있지만, 기존과 전혀 다른 신념을 수용하여 한층 더 성숙한 단계로 나아갈 수 있습니다.

사도 바울Paul은 예수를 믿는 사람들을 핍박하러 가던 중 우연히 예수와 만나게 됩니다. 바울은 이 자기 파괴적 경험을 통해 종교적 개심을 합니다. 우리는 자신의 신념이 송두리째 무너지는 고통스러운 상실감을 통해서만 질적으로 도약할 수 있습니다. 그리고 마침내 새로운 존재로 거듭날 수 있습니다.

신념을 지키며 사는 일

하지만 신념을 지키며 사는 일도, 신념을 새롭게 바꾸는 일만큼 어렵습니다. 자신이 결단한 길을 묵묵히 걸어 나가는 것은 마치 살얼음판을 걷는 듯 조마조마하지요. 나 역시 그렇습니다. 나는 제대로 살아가고 있나? 내가 걷는 방향이 옳은 방향인가? 정말 이루어낼 수 있는 건가? 이러한 의문이 겹겹이 쌓여갑니다. 나는 주절주절 푸념도 하고, 잘난 척도 하면서 그럭저럭 버티어 내고 있습니다. 가끔은 내가 누구인지, 무얼 하는 사람인지 헷갈릴 때도 있습니다. 그래서 마치 대단한 꿈이라도 있는 듯, 공연히 너스레를 떨어 보기도 합니다. 때때로 내가 가는 길이 힘에 부쳐 아무도 몰래 소리 없이 울어도 봅니다. 신념을 버리고 새로운 신념을 갖기도 어렵지만, 이를 지켜내는 일도 어렵습니다. 그러니 여러분, 자신이 결단한 길을 걷고 있다면, 지금처럼 천천히 나아가더라도 괜찮습니다.

÷ ○ ×

아무도 질문하지 않았다.

벌써 오래전 일이지만, 아직도 많은 사람의 입에 오르내리는 낯 뜨거운 사건이 있습니다. 2010년 서울 G20 정상회의에서 폐막식 연설을 마친 미국 전 대통령 오바마Barack Obama가 한국 기자들에게 이렇게 말했습니다. "한국 기자들에게 질문권을 하나 드리고 싶군요. 정말 훌륭한 개최국 역할을 해주셨으니까요." 그러나 아무도 질문하지 않았습니다.

오바마 대통령은 다시 이렇게 말했습니다. "한국어로 질문하려면 아마도 통역이 필요할 겁니다. 사실 통역이 꼭 필요할 겁니다. 그래서 준비했으니 질문하셔도 됩니다." 한국 기자들이 영어로 질문하는 것이 어려워서 질문하지 않는다고 여겨, 배려를 보인 것입니다. 그러나 여전히 아무도 질문하지 않았습니다.

그때 홀연히 한 사람이 일어나 말했습니다. "저는 중국 기자입니다. 제가 아시아를 대표해서 질문을 던져도 될까요?" 오바마 대통령은 중국 기자의 질문을 가로막았습니다. "공정하게 말해서 저는 한국 기자에게 질문을 요청했습니다. 그러니 제 생각에 한국 기자가 질문하고 싶은지 아닌지에 따라 결정되겠네요. 질문하고 싶은 사람이 없나요? 아무도 없나요?" 그러나 여전히 그 누구도 질문하지 않았습니다. 그러자 중국 기자가 다시 말했습니다. "제가 아시아를 대표해서 한국 기자들에게 제가 대신 질문해도 되는지 물어보면 어떨까요?" 어떻습니까. 질문은 없고 정답만 있는 교육. 오바마 대통령이 그토록 칭찬했던 한국 교육의 부끄러운 민낯입니다.

÷ ○ ✕

위대한 사람은 질문한다.

 아이들은 어른과 달리 무언가 접할 때마다 질문합니다. 아이들은 질문을 통해 세계를 배우기 때문입니다. 그런데 우리는 가르칠 것이 너무나 많아서인지, 아이들에게 질문을 허용하지 않습니다. 때로는 질문에 면박을 주기도 합니다. 심지어 강의 마지막에 질문하면 다른 사람의 쉬는 시간을 뺏을지도 모른다는 이유로 침묵합니다. 그러나 니체는 이렇게 말합니다. "위대한 인간은 필연적으로 모든 일에 회의를 품는 사람이다." 그리고 아인슈타인은 그의 나이 열여섯 살에 스스로 이런 질문을 했죠. "만약 내가 빛의 속도로 날아간다면 눈앞의 거울에는 내 얼굴이 비칠까?" 앳된 소년의 질문은 그때까지의 물리학을 뿌리부터 뒤흔드는 시간과 공간의 이론, 상대성 이론의 첫걸음이 됩니다. 이 질문을 던진 아인슈타인은 그로부터 10년 뒤인 1905년 특수 상대성 이론을 발표했죠. 이렇듯 의심을 가진 인간은 끊임없이 질문할 수밖에 없습니다. 나는 초등학생 시절 "30일 동안 먹지 않아도 되는 약을 만들 수 없을까?"라는 다소 엉뚱한 질문을 한 적이 있습니다. 고백하건대, 나의 질문은 그저 질문으로 끝났습니다.

> ✦
> 나는 다양한 길과 방법으로 나의 진리에 이르렀다.
> 내가 사다리 하나만으로 먼 곳을 휘둘러볼 수 있는
> 이 높이에까지 오른 것은 아니라는 말이다.
> – 차라투스트라는 이렇게 말했다 中

방향성 있는 질문

물론 질문이라고 해서 무조건 다 좋다는 건 아닙니다. 제대로 된 질문이어야 하겠지요. 이홍우 교수는 〈대승기신론 통석〉에서 두 가지의 상반된 질문에 대해 말합니다.

첫 번째 질문은 '내용 그 자체'에 대한 질문입니다. "이 말은 무엇을 의미하는가?"라는 질문이 대표적입니다. 대상 그 자체를 이해하기 위한 방향성 있는 질문입니다. 예를 들어 불교 참선의 대표적인 화두인 시삼마是甚麼, 즉 "이것이 무엇인가?"와 같은 질문은 현상적 수준을 넘어 대상의 본질을 묻습니다. 이런 질문은 일회성으로 끝나는 것이 아니라, 대상 그 자체를 이해할 때까지 끊임없이 질문을 생성합니다.

두 번째 질문은 '내용의 활용'에 대한 질문입니다. "그래서 어떻게 적용할 것인가?"라고 묻는 것입니다. 이는 내용의 활용에만 초점을 맞추고 본질은 묻지 않는, 방향성 없는 질문입니다. 가령 〈차라투스트라는 이렇게 말했다〉를 읽은 누군가가 이렇게 질문한다면 어떨까요? "이 책에서 말한 그대로 살아야 하는 거 아니야? 그렇지 않으면 책을 이해했다고 해도 무슨 소용이야?" 이런 질문은 〈차라투스트라는 이렇게 말했다〉에 담긴 내용을 이해하는 일이 별로 어렵지 않다는 것을 전제로 합니다. 이 사람은 틀림없이 내용을 이해하는 것보다는 그 내용처럼 사는 것이 어렵다고 생각하고 있는 겁니다. 사실 주객이 전도된 말이라고 할 수 있습니다. 물론 책을 읽었다면 자기 삶에 적용할 수도 있습니다. 하지만 그 일은 "책의 내용을 어떻게 활용할 것인가?"라는 질문이 아니라, 오히려 책의 내용에 대한 더욱 철저한 이해, 즉 "책의 내용은 무엇인가?"라는 질문을 통해서만 가능합니다. 그래서 '내용의 활용'에 대한 질문이 방향성 없는 질문이라는 것입니다. 이런 질문은 잘못된 생각을 불러일으키게 됩니다.

방향성 있는 질문은 의심을 수반합니다. 이 의심은 책을 여러 번 읽는다고 해서, 설명을 수십 번 듣는다고 해서 사라지는 그런 의심이 아닙니다. 믿음과 맞붙어 있는 의심, 믿는 것이 언제나 동시에 작용하는 그런 의심을 의미합니다. 한마디로 '의심하지 않고는 믿을 수 없는' 그런 의심을 말합니다. 그래서 학생이 수업 내용을 제대로 이해했는지도 중요하지만, 수업 이후 어떤 질문이 생겼는지가 더 중요합니다. 의심이 생기는 순간에 질문이 생기고, 질문이 생기는 순간에 새로운 가능성을 향한 생각과 배움이 일어납니다. 학생의 질문은 교사가 수업 내용을 통해 전달한 개념이 학생의 내면에서 이념으로 바뀌도록 만드는 인식 작용을 촉진합니다. 이렇게 의심을 수반한 방향성 있는 질문은 인식의 변화와 더불어 존재의 변화까지 가져올 수 있습니다.

╬ ○ ✕

삶은 질문으로 움직인다.

인생에 정답은 없습니다. 물론 정답이 없다고 해서 인생을 되는 대로 막 살아도 되는 건 아닙니다. 설령 정말로 아무렇게나 사는 사람이 있다고 해도, "아무렇게나 산다"는 말을 입 밖으로 내뱉는 순간 자신의 삶에 부과된 책임과 무게를 확인하고 이를 따라야만 합니다. 삶의 과정은 질문의 연속입니다. 답이 없다고 해서 질문할 수 없는 것은 아니지요. 나답게 살기 위해서는 삶의 마지막 순간까지 질문하고, 또 질문할 수밖에 없습니다. 십자가에 매달린 채 마지막 고통의 숨을 넘기며, 예수 역시 질문했습니다. "나의 하느님, 어찌하여 나를 버리십니까?" 살아 있는 사람은 질문으로 움직입니다. 그래서 질문은 곧 새로운 세계로 뻗어 나가는 움직임입니다. 생각이 차단된 상태를 죽음이라고 한다면, 질문할 수 없는 삶이야말로 죽은 삶입니다.

네 번째

영혼이 담긴 말을 하라

✛ ○ ✕

약속을 지킬 수 있는 동물

> ✳
> 약속해도 되는 짐승을 기르는 것.
> 이것이야말로 자연 스스로 인간에게 부여한
> 바로 그 역설적인 과제 자체가 아닌가?
> 이것이야말로 인간에 관한 본래의 문제가 아닌가?
> - 도덕의 계보 中

〈도덕의 계보〉에서 니체는 인간이 약속할 수 있는 동물로 '길러졌다'라는 점을 지적합니다. 오늘날 우리에게 나 자신 혹은 타인과 약속을 맺고 이를 지키는 것은 상식입니다. 그러나 니체는 이 당연한 사실에 의문을 던집니다. 니체는 인간이 원래부터 약속을 지킬 수 있는 동물이 아니며, 이것이 가능하도록 길러졌다고 말합니다. 인간이 약속을 지킬 수 있다는 것은 자신을 통제할 수 있다는 의미입니다. 그러니 약속을 어기고 싶은 변덕스러운 마음을 억제할 수 있는 사람만이 약속을 지킬 수 있습니다. 니체는 인간의 고유한 특성으로 내세우는 이성, 통제, 사려, 분별이 사실은 사회가 인간을 '약속을 지킬 수 있는 동물'로 만들기 위해 부과한 잔인한 형벌이라고 말합니다. 그러나 "약속은 사람을 구속하지만, 약속을 할 수 없는 삶은 슬프다"라고 한탄한 어느 노학자의 말처럼, 약속할 수 없게 된 삶은 다른 의미에서 형벌일지도 모릅니다.

÷ ○ ✕

말의 힘

약속은 말과 글로 표현됩니다. 사람의 입에서 나온 말은 유동적인 상황을 결정적인 무언가로 확정 짓는 힘을 가졌습니다. 서로 호감을 느끼는 두 남녀 중 어느 한 사람의 입에서 "사귀자"라는 말이 나오면 어떻게 될까요? 지금까지는 불확정적이었던 두 사람의 관계는 그 말로 인해 완전히 새로운 양상을 보입니다. 말이 품은 의미가 곧 결정적인 현실로 드러난 것입니다. 서로의 불확실성은 말을 통해 확정됩니다. 그러니 말은 현실을 형성하는 힘을 가진 결단이라 할 수 있습니다.

한편 말은 삶을 구속합니다. 두 친구의 대화를 한 번 살펴볼까요?

A: 내일 6시에 만나자.
B: 그래!

어떤가요. 특별한 사정이 없으면, A와 B는 내일 만나겠지요. 내일 6시에 친구를 만난다는 미래가 말과 동시에 결정되어 버립니다. 그러니 우리는 말의 힘을 과소평가해선 안 됩니다. 약속은 신중하게 맺어야 합니다.

÷ ○ ×

나의 영혼은 나의 세 치 혀에 달렸다.

우리는 수많은 사랑 고백이 빈말이 되는 것을 직간접적으로 경험했습니다. 고백의 말이 어느 연인 간의 불확실한 관계를 사실로 굳혔다는 것을 부인할 수는 없습니다. 다만 고백의 말이 빈

말이 된 까닭은 자신의 입에서 나온 말을 끝까지 충실하게 이행하지 못했기 때문입니다. 이는 스스로 자신의 인격적 통일성을 깨는 행위이므로, 그 사람은 그만큼 고통과 시련을 받을 수밖에 없습니다. 우리 입에서 나온 모든 말은 일종의 고백이며, 약속이며, 맹세입니다. 따라서 모든 말은 하나의 결단이고, 나 자신의 존재를 건 모험입니다. 나의 영혼이 나의 말에 달린 셈입니다.

꿀벌은 춤을 통해 동료 꿀벌과 소통한다고 합니다. 꿀벌은 다양한 춤으로 벌집과 당분까지의 거리, 당분이 있는 곳의 방향, 당분의 농도 등의 정보를 동료 꿀벌에게 전합니다. 그러면 꿀벌의 춤을 언어라고 말할 수 있을까요? 꿀벌의 춤과 인간의 언어는 규칙을 갖고 있다는 공통점이 있습니다. 그런데 꿀벌의 춤이 비록 '규칙적인 행동regular behavior'이긴 하지만, 인간의 언어처럼 '규칙을 따른 행동rule-guided behavior'은 아닙니다. 꿀벌의 춤과 인간의 언어 사이에는 큰 차이점이 하나 있습니다. 꿀벌은 춤의 규칙을 고의로 어길 수 없지만, 인간은 언어의 규칙을 고의로 어길 수 있죠. 그렇습니다. 오직 인간만이 거짓말을 할 수 있습니다. 오직 인간만이 약속을 어길 수 있으며, 오직 인간만이 반칙할 수 있습니다.

너만을 사랑한다는 거짓된 고백, 영원히 헤어지지 말자는 지킬 수 없는 약속. 그 말을 철저히 믿은 사람은 결국 배신당합니다. 그리고 고통과 슬픔의 수렁에 빠지게 됩니다. 나는 이 대목에서 언제나 샘 스미스Sam Smith의 부드러운 목소리가 떠오르곤 합니다.

> You and me, we made a vow
> **너와 나, 우린 서약을 했지**
>
> For better or for worse
> **기쁠 때나 슬플 때나**
>
> I can't believe you let me down
> **네가 날 저버리다니 믿을 수 없어**
>
> – 샘 스미스 <I'm Not The Only One> 가사 中

그의 노랫말처럼, 매 순간 반칙 같은 일이 벌어지는 것이 우리네 인생입니다.

니체는 오만방자한 나르시시스트다?

 간절하게 전하고픈 말이 있는 사람은 언제나 언어의 한계를 느낍니다. 수업 시간에 아무리 좋은 개념을 설명해도 학생들이 알아듣지 못할 때. 충분한 용돈을 드렸음에도 명절에 취업이나 결혼 이야기를 꺼내는 부모님을 마주할 때. 프레젠테이션을 철저히 준비했지만 결국 고객의 가려운 부분이 해소하지 못했을 때. 세상을 뒤흔드는 논문을 써냈는데 지도교수가 받아들이지 않을 때. 우리는 일상의 의사소통에서 늘 한계를 경험합니다. 서로의 마음을 깊은 믿음으로 받아내는 일은 본래부터 말로 할 수 없는 건지도 모릅니다. 이는 인간의 비애이며, 동시에 희망입니다. 서로의 마음이 완전히 통하는 이심전심 以心傳心은 신의 경지에서만 가능한 일입니다. 만약 자신의 마음을 남에게 고스란히 전달하는 사람이 있다면, 우리는 그를 신이라고 부를 수밖에 없을 테니까요.

 나는 교육학자로서 서로의 마음과 마음이 온전하게 전달되는 가능성의 언어를 꿈꿔왔습니다. 어쩌면 그래서 니체를 만나게 된 건지도 모릅니다. 니체 역시 이러한 전달에 대해 진지하게 고민했던 사람이거든요. 니체는 어떤 방법으로 자신의 생각을 전달하려 했을까요? 이를 알기 위해 니체의 자서전에 해당하는 〈이 사람을 보라〉 목차를 함께 살펴보겠습니다.

나는 왜 이렇게 현명한가?
나는 왜 이렇게 영리한가?
나는 왜 이렇게 좋은 책을 쓰는가?
나는 왜 운명을 사랑한 사람 중 하나인가?

정말이지 뻔뻔한 목차 아닌가요? 니체는 자신의 자서전 목차를 왜 이렇게 표현했을까요? 그가 심각한 나르시시스트라서 그런 걸까요? 아니면 원래부터 오만방자한 사람인 걸까요? 아마 모두 아닐 겁니다. 〈이 사람을 보라〉의 목차를 가만히 살펴보면, 니체가 닮고자 했던 한 인물이 떠오릅니다. 바로 신을 모독하고 청년들을 타락시킨다는 죄목으로 사형 선고를 받은 소크라테스입니다. 플라톤의 〈변론〉에 묘사된 소크라테스는 자신에게 씌워진 억울한 누명을 해결할 생각은 하지 않고, 오히려 더 적극적으로 배심원 겸 재판관으로 참여한 아테네 시민들의 심기를 건드립니다. 심지어 아테네 시민들이 자신의 공로를 인정하고 자신에게 평생 연금까지 보장해야 한다고 말하죠. 소크라테스는 무사안일과 허영심으로 가득 찬 아테네 시민들이 스스로 부끄러움을 느낄 때까지 끊임없이 질문합니다. 물론 소크라테스의 이런 질문은 아테네 시민들에게 살인 충동을 느낄 정도로 큰 불편을 안겨 주었습니다. 소크라테스는 결국 그 변론을 통해 죽음을 자초합니다. 그는 자신의 안위보다도, 아니 자신의 목숨을 바쳐서라도 아테네 시민들이 깨달음을 얻을 수 있도록 기꺼이 귀찮고 끈질긴 등에가 되었습니다. 아마 니체 역시 일부러 〈이 사람을 보라〉 목차를 이런 식으로 써 내려갔을 것입니다. 목차에서 드러나는 그의 의도가 〈변론〉 속 소크라테스의 모습과 그대로 겹쳐 보입니다. 니체는 소크라테스를 다음과 같이 묘사합니다.

✢

**나는 소크라테스가 행했던 모든 행동과 말에,
그리고 그가 말하지 않았던 것에 담겨 있는
그의 용기와 지혜를 흠모한다.**

> 사람들을 조롱하고 사람들이 반하게 되는 괴물,
> 사람을 홀리는 아테나이의 피리 부는 사나이,
> 가장 자신만만한 청년조차도 전율에 떨고
> 흐느껴 울게 만드는 사람,
> 그는 모든 시대를 통틀어 가장 지혜로운 수다쟁이였다.
> 그뿐이 아니었다.
> 그는 또한 침묵할 줄 아는 위대한 인물이었다.
> - 즐거운 학문 中

니체가 예수를 패러디한 이유

"이 사람을 보라."
Ecce homo.

〈요한복음〉 19장 4절에 등장하는 구절입니다. 예수가 가시면 류관을 쓰고 스스로 고난의 길에 들어서기 직전, 당시 로마제국 유대 속국의 총독 본시오 빌라도Pontius Pilatus가 예수를 지칭한 말입니다. 니체는 어째서 자신의 자서전 제목을 〈이 사람을 보라〉

라고 지었을까요? 니체가 자신을 예수와 동등한 위치에 두고, 스스로 세상을 구할 사람이라고 여기는 과대망상에 빠져서일까요? 그게 아니라면 니체는 왜 예수를 패러디한 것일까요? 그 실마리를 찾기 위해 지금으로부터 2000여 년 전으로 날아가 보겠습니다. 예수가 인류를 구원하기 위해 십자가에 매달렸던, 바로 그 역사적인 사건 현장입니다.

재판장에 선 예수는 높은 곳에 있는 로마 총독 앞에서도 자신의 주장을 굽히지 않고 당당하게 맞섭니다. 그러자 권세 높은 로마 총독은 고작 33세에 불과한 젊은 영적 지도자가 내뿜는 아우라에 압도당해, 그에 대한 판결을 유대 백성들에게 미룹니다. 예수는 당시 유대의 지배자들에게 미운털이 단단히 박혀 있던 상태였죠. 그는 결국 동족의 율법에 따라 십자가에 매달리게 됩니다. 예수는 소크라테스와 마찬가지로 자신의 목숨을 기꺼이 바침으로써 위대한 사랑의 정신을 인류에게 전달했습니다.

니체는 자신이 본받고자 한 예수와 소크라테스처럼, 일부러 자신에게 거부감이 들게 만드는 도발적인 언어를 자신의 글쓰기에 사용한 것 아닐까요? 이를 통해 사람들이 오히려 자신의 글에 더 집중할 수 있도록 무던히 애를 쓴 흔적일지도 모릅니다. 글 읽기가 누군가 쏟아낸 글자를 혼자서 해석하는 고립된 행위가 아니듯이, 글쓰기도 그저 자신에게 익숙한 생각을 아무렇게나 쏟아내는 행위가 아닙니다. 글쓰기는 나의 삶을 반영하며, 그 안에서 무의식적으로 나의 신념이 표현됩니다. 그래서 글은 곧 나 자신이며, 글을 보면 글쓴이의 됨됨이를 짐작할 수 있습니다.

니체의 〈이 사람을 보라〉 제목과 목차는 나르시시즘이나 콤플렉스의 표현이 아니라, 모종의 의도가 담겨 있다고 봐야 합니다. 니체의 오만한 목차는, 니체가 자신의 글보다는 자신의 사고에, 자신의 사고보다는 독자의 사고에 주목하게 만들고자 했던 장치입니다. 어떻게 살아야 하는지 일깨우려 했던 소크라테스처럼, 인류애를 전하기 위해 전통과 권위에 맞섰던 예수처럼, 니체는 자신의 사상을 표현하기 위해 의도적으로 자신감 넘치는 제목과 목차를 정한 것입니다.

÷ ○ ×

개념보다 은유가 먼저다?

"시간은 돈이다."
"침대는 과학이다."
"마음은 거울이다."

너무나 유명한 은유죠? 흔히 은유는 개념을 제대로 표현하지 못하며, 오히려 개념의 전달을 저해한다고 여깁니다. 하지만 니체는 개념보다 은유가 우선하며, 개념이 은유에서 파생되었다는 파격적인 주장을 펼칩니다. 먼저 최초로 은유를 정의 내린 사람은 아리스토텔레스입니다. 그는 〈시학〉에서 "은유는 어떤 것에다 다른 낯선 것에 속하는 이름을 옮겨놓는 것"이라고 규정합니다. "시간은 돈이다." 이 문장을 보면 은유는 서로 전혀 무관한 시간과 돈이라는 단어를 엮어 시간의 소중함을 이해시킵니다. 이러한 은유로부터 시간을 아낀다, 시간을 낭비한다, 시간을 투자한다와 같이 시간을 돈처럼 여기는 새로운 표현을 할 수 있게 되죠. 아리스토텔레스에 따르면, 은유는 겉보기에 전혀 관련 없어 보이는 두 대상 사이의 유사성을 발견하는 행위입니다. 은유가 품고 있는 갈등과 모순을 해소하는 과정에서 우리는 새로운 개념을 받아들이고, 이를 통해 우리의 지식체계에 변화가 생깁니다.

한편 니체의 여러 관심사 중에서도 형이상학을 신전 위에 올려 상대적으로 평가 절하된 인간의 현실적인 삶의 위상을 복원하는 일은 매우 중요한 과업이었습니다. 니체는 기존의 언어가 형이상학에 깊게 물들어 버렸기 때문에, 오염된 기존 언어로 형이상학을 극복할 수 없다고 생각했습니다. 그래서 형이상학에 오염되지 않은 언어로 은유를 가져왔습니다. 니체는 기존의 가치를 뒤집어엎으려는 자신의 사유를 전달하기 위해 은유를 활용합니다. 고착된 개념의 그물망에 빠지지 않고, 독자의 마음속에 이념이라는 메시지를 심어주기 위해 은유를 사용한 것입니다. 은유는 그 자체로는 아무런 의미도 갖지 못하는 수수께끼에 불과합니다. 하지만 은유는 대상을 규정하지 않으면서 우리 삶에 필요한 의미를 전달합니다. 형이상학이 개념을 통해 이념을 한 가지로 고착했다면, 니체는 은유를 통한 여러 관점과 대상의 연관 속에서 이념의 다양한 측면을 드러내고자 합니다.

> ✶
> 진리는 낡아 빠져서
> 그 감각적인 힘을 상실한 은유이다.
> 진리는 그림이 닳아 버려
> 더 이상 동전으로 여겨지지 않고
> 그저 금속 조각으로 여겨지는 동전이다.
>
> - 유고中

이념 실현을 위한
니체의 특별한 레시피

사정이 이렇다 보니, 니체의 은유를 이해하는 일은 곧 그의 저작이 어떤 문제를 다루고 있으며, 무엇을 전달하고 있는지와 밀접하게 관련이 있습니다. 니체는 다수의 저작을 집필했으며 그의 핵심 사상은 대표작 〈차라투스트라는 이렇게 말했다〉에 담겨 있습니다. 그런데 이 책의 진의를 파악하는 일이 정말 쉽지가 않습니다. 니체가 쓴 대부분의 책은 제목부터 내용까지 몽땅 은유를 통해 표현되기에 해석에 각별한 주의가 필요합니다.

그중에서 가장 어려운 부분을 꼽자면, 니체가 생각하는 형이상학이란 무엇이고 그가 이를 어떻게 극복하는가 하는 점입니다. 형이상학은 '현실적인 것'과 차원을 달리하며, 현실적인 것을 생성하고 제어하는 '초월적인 것'을 논리적으로 설명하는 데 초점을 둡니다. 이때 초월적인 것을 어떻게 파악하는지에 따라 형이상학에 대한 관점이 달라지므로 주의해야 합니다.

니체는 "신은 죽었다!"라는 말로 형이상학의 종말을 선언했습니다. 모든 형이상학적 가치의 전도를 주장한 겁니다. 그러나 니체가 기존의 형이상학적 가치를 거부한다고 해서 그가 신, 도덕, 존재와 같은 초월적인 것 자체를 부정하는 건 아닙니다. 니체가 전통적인 형이상학을 거부한다고는 하지만, 여전히 형이상학을 논하고 있다는 해석이 오늘날 연구자들에게 폭넓은 동의를 얻고 있습니다. 실제로 니체는 서양 철학의 이분법적 도식 자체를 부정하지 않습니다. 니체의 사상은 서양의 전통 형이상학과 마찬가지로 초월 세계를 가정하고 있습니다. 하지만 니체는 서양 철학이 인간의 삶과 세계를 초월적인 것과 현실적인 것으로 구분하고, 초월적인 것을 우위에 상정하는 일을 거부합니다. 여기서 니체가 가정하는 초월 세계는 정확히 무엇일까요? 바로 현실 세계를 인식하는 우리의 마음 안에 현실 세계의 논리적 원인으로 존재하는 선험적 이념transcendental idea을 지칭합니다.

이념은 모든 개념적 구분이 성립하기 이전에 존재하는 것, 혹은 개념으로 표현되기 이전의 무엇인가를 가리킵니다. 알 수 없는 영역에 대한 불완전한 표현으로서, 경험에 의존하지 않거나 경험보다 앞서는 것을 의미하는 '선험적a priori'이라는 말로 이념을 수식할 수밖에 없습니다.

그런데 이념에 관한 니체의 생각이 무엇이든지 간에 한 가지 분명한 사실이 있습니다. 이념은 언어를 통해 전달될 수 없다는 점입니다. 우리가 사용하는 언어는 오직 시간과 공간을 차지하는 현실적인 대상에 한정하여 정상적으로 기능합니다. 그런데 이념은 시간과 공간을 벗어난 형이상학적 개념이죠. 언어가 원래부터 이념에 닿을 수 없는 운명이라면, 언어를 사용하여 이념을 표현하고자 하는 일은 애초부터 달성될 수 없습니다. 니체는 이처럼 언어의 한계를 인식하고 끊임없는 실험을 통해 자신만의 독특한 전달 방법을 확립했습니다. 그래서 니체는 이념 실현을 위한 특별한 방법을 제시한 사람이라고 할 수 있습니다.

"There are no facts, only interpretations."
사실은 존재하지 않고, 오직 해석만 있다.

Friedrich Nietzsche

Part 5
내 삶의 주인공이 되려면

첫 번째 **춤추는 별이 되라**

두 번째 **자신의 세계를 창조하라**

세 번째 **모든 족쇄를 벗어 던져라**

네 번째 **깨지 않는 꿈을 꾸어라**

첫 번째

춤추는 별이 되라

✚ ○ ✕

에스파 리더 카리나 VS 삼성그룹 회장 이재용

여러분은 부자가 되고 싶은가요? 사실 평범한 사람이라면 누구나 경제적 자유를 얻고자 합니다. 그래서인지 최근 '파이어족'에 대한 언급이 많습니다. 파이어족은 경제적 자립을 통해 자발적인 조기 은퇴를 이룬 이들을 말합니다. 빨리 부자가 되어 인생을 즐기는 거죠. 오늘날 부자가 되고자 하는 사람이 많아진 이유는 무엇일까요? 아마도 돈이 주인이 된 세상에서, 경제적 자유를 실현한 사람만이 자기 삶의 주인으로 살 수 있다고 생각하기 때문일 겁니다. 하지만 현실적으로 누구나 이른 나이에 부자가 되어 은퇴할 수 있는 건 아니죠. 부자가 되고 싶다는 욕망이 이끄는 대로 산다고 해서 무조건 행복해지리란 법도 없습니다. 가난한 자는 가난한 대로, 부자는 부자대로 각자의 걱정과 고민이 있습니다.

> ✦
> 현대를 살아가는 인간은 너무 많은 경험에 시달리고,
> 너무 적은 일에 익숙해진다.
> 인간은 폭식과 기아를 동시에 겪고 있는 셈이다.
> 따라서 아무리 많이 먹어도 몸은 점점 여위어 간다.
> 그럴수록 더 많이 먹고 더 빨리 먹었다는 사실을 잊는다.
> 인간은 모든 것을 경험했지만, 아무것도 할 수 없는 것이다.
> - 인간적인 너무나 인간적인 中

 이무진이 부른 〈신호등〉이라는 노래 가사 중 "꼬질꼬질한 사람이나 부자 곁엔 아무도 없는"이라는 구절이 나옵니다. 선뜻 이해가 가지 않는 대목입니다. 꼬질꼬질한 사람 곁에는 아무도 없을 듯한데, 부자 곁에는 왜 아무도 없다고 했을까요?

혹시 부자가 인색하다는 편견 때문일까요? 아니면 부자는 사람을 만날 시간도 없을 만큼 바쁘다는 선입견 때문일까요? 그도 아니면 부자는 돈에만 관심이 있다는 고정관념 때문일까요? 평소에 알고 지내는 부자가 없어서 직접 물어보지 못했지만, 부자라고 해서 그를 피할 이유는 없을 듯합니다. 사실 사람들은 오히려 부자를 만나고 싶어 하고 그들을 몹시 궁금해하죠. 미국의 투자가 워렌 버핏과의 점심 식사 자리가 자선경매에서 높은 가격에 낙찰되었던 것이나, '카리나 VS 이재용' 두 사람 중 한 명을 고르는 밸런스 게임 질문에서 많은 사람이 이재용을 고른 것을 보면 알 수 있습니다. 인기 절정 아이돌 그룹 에스파 리더보다 삼성그룹 회장을 만나고픈 사람이 더 많다는 건, 아무래도 부자에 대한 관심이 많다는 뜻 아닐까요? (참고로 나의 선택은 카리나였습니다!) 이렇듯 사람들은 부자를 선망하지만, 내가 갖지 못한 것을 이미 가진 사람에 대한 시기와 질투도 여전히 많은 듯합니다. 이것이 바로 니체가 말한 르상티망ressentiment 입니다.

÷ ○ ✕

르상티망? 여우의 신 포도

 약자가 강자에게 품는 원한이나 증오, 복수심이 되풀이되면서 쌓인 감정을 르상티망이라고 합니다. 이는 자신이 가지지 못한 것들에 대한 원망입니다. 높은 나무에 매달린 포도를 먹으려고 애쓰다가 결국 포기한 여우가 "저 포도는 신 포도일 거야!"라고 말한 것처럼요.

 유튜브나 SNS에서 부자나 성공한 사람, 멋진 근육을 가진 운동인, 화려한 인플루언서에게 달린 댓글을 본 적 있나요? 저렇게까지 살고 싶진 않아. 그렇게 살아서 뭐해? 행복하지가 않은데. 저렇게 살면 외로울 거야. 저런 건 다 한때야. 약으로 만든 근육이네! 등등. 이런 댓글을 다는 사람들은 자신의 성장을 자기 스스로 가로막고 있다는 사실을 알고 있을까요? 이런 댓글, 이런 말을 하는 사람일수록 오히려 그들의 삶을 선망하고 있을 확

률이 높습니다. 르상티망 증후군에 걸린 거죠. 내가 가보지 않은 길, 해보지 않은 일을 어설프게 일반화하면 앞으로 나에게 다가올 기회를 잃게 됩니다. 삶의 긍정적인 변화를 기대한다면, 르상티망 증후군에서 벗어나야 합니다.

÷ ○ ×

슈퍼 노예 탈출기

우리는 일을 하며 살아갑니다. 먹고살기 위해, 가족을 부양하기 위해, 학자금 대출을 갚기 위해 어쩔 수 없이 싫은 일도 해야 합니다. 말 그대로 슈슈슈슈퍼 노예! 그렇지만 역시나 '삶의 주인이 되고 싶다'는 생각을 떨칠 수 없습니다. 물론 생계를 유지하려면 일에서 벗어날 수 없다는 현실은 아주 잘 알고 있습니다. 그러므로 나는 이렇게 소망합니다. 일로부터 자유로워질 수 없다면, 일에서 자유를 얻자고. 생계를 유지하는 일과 개성을 찾는 일 사이에서, 그리고 현재를 위한 일과 미래를 위한 일 사이에서 균형을 찾아야 한다고 말이죠. 짧은 우리의 인생은 자연의 법칙에 따라 점차 마모되어 가겠지요. 내 삶이 언제 끝날지는 모르지만,

살아있는 동안에는 온전히 나 자신으로서의 삶을 살아가고 싶습니다.

그런데 내 삶의 주인으로 산다는 말의 진짜 의미는 무엇일까요? 인생은 짧으니까 하고 싶은 대로 하면서 살자? 이것도 일견 일리가 있습니다. 죽으면 모두 끝나버리니까요. 내 마음도 생각도 내가 죽으면 모두 사라질 것입니다. 죽음 앞에서는 모두 덧없습니다. 하지만 삶을 계속 살아나가야 하기에, 우리는 다음의 질문을 간과해선 안 됩니다.

<blockquote> "어떤 꿈을, 어떤 방식으로,
누구와 함께 꿈꾸며 살아갈 것인가?" </blockquote>

여러분은 이 경이로운 질문에 뭐라고 답할 건가요? 정답이 없는 질문을 마음에 지닌 채, 이전 행위를 반성하고, 새로운 생각을 실천에 옮기고, 다시 또 반성하고 행동하며…… 삶은 그렇게 계속 이어집니다.

÷ ○ ✕

주인 도덕, 노예 도덕

> ✦
> 지금까지 지상을 지배해 왔고
> 또 여전히 지배하고 있는 좀 더 세련되지만,
> 거친 많은 도덕을 편력하면서
> 나는 어떤 특질이 규칙적으로 서로 반복되거나
> 연결되어 있다는 것을 알았다.
> 결국 나는 두 가지 기본 유형이 드러났고
> 하나의 근본적인 차이가 나타났음을 알았다.
> 주인의 도덕과 노예의 도덕이 그것이다.
> – 선악의 저편 中

주인과 노예의 관계를 언급한 사람은 참 많지만, 헤겔Georg Wilhelm Friedrich Hegel은 그중에서도 가장 대표적인 인물입니다. 헤겔은 주인과 노예를 대립적인 관계로 봅니다. 주인이 노예를 정복하고 그 위에 군림하지만, 그 관계가 영원한 것은 아닙니다. 승리에 안주하는 순간 주인은 패배의 길로 접어듭니다. 노예는 비록 지금은 패배했을지라도, 힘을 길러 상황을 역전할 수 있습니다. 주인은 노예의 노동을 통해 삶을 영위하므로 시간이 지날수록 노예에게 의존하게 됩니다. 숨죽여 살던 노예는 힘을 길러 결국 주인을 정복합니다. 헤겔은 반복되는 주인과 노예의 대립 관계가 인간사를 주도해 나간다고 주장합니다. 그러나 니체가 생각하는 주인과 노예는 헤겔의 주장과 전혀 다릅니다.

니체는 주인과 노예의 근본적 차이를 도덕성, 즉 사회적 책임을 물을 수 있는지 없는지에서 찾습니다. 주인에게는 사회적 책임을 물을 수 있지만, 노예에게는 그럴 수 없습니다. 주인은 모든 일을 주체적으로 결정하며 새로운 것을 창조할 수 있습니다. 반면 노예는 겸손하고 근면하지만, 그저 주인의 결정과 사회 질서에 순응할 뿐 주체적으로 결정하거나 새로운 무언가를 창조하지 못합니다. 주인은 옳고 그름의 판단 기준이 자신에게 있는 사람입니다. 그래서 '주인 도덕'은 자발적인 긍정을 통해 성장하며, 자신의 가치는 자신이 결정하며, 선과 악을 결정하는 자의 도덕입니다. 용기는 대표적인 주인 도덕입니다. 무엇인가를 자기 스스로 결정하고 그 결과를 책임지는 일은 용기가 필요하기 때문입니다. 주인 도덕에서 강자는 좋은 것이고 약자는 나쁜 것입니다.

반면 노예는 옳고 그름의 판단이 자신에게 있지 않고 주인에게 있습니다. '노예 도덕'은 자신의 가치를 스스로 결정하지 못하고, 자신에게 주어진 것을 받아들이지 못하며, 매사에 남의 탓만 하는 자의 도덕입니다. 동정이나 연민은 대표적인 노예 도덕입니다. 노예 도덕에서 약자는 선하고 강자는 악합니다. 그래서 주인 도덕에서의 선이 노예 도덕에서는 악으로 규정되고, 주인 도덕에서의 악이 노예 도덕에서는 선으로 규정됩니다. 두 가지 도덕의 대립은 사회나 문화뿐 아니라, 한 개인의 영혼에도 깊숙하게 스며들어 있습니다.

니체가 말하는 주인은 자신의 가치를 스스로 규정하는 사람, 그렇기에 타인의 인정이 필요 없는 사람입니다. 주인은 나에게 주어진 것을 존중하며 에너지가 넘쳐흐릅니다. 주인은 자신이 가진 힘을 믿기에 자신을 엄격하게 제어할 수 있습니다. 주인은 임금처럼 말하고 벙어리처럼 침묵하며, 피할 수 없는 시련을 기꺼이 받아들이는 사람입니다.

존재와 비존재

신학자 틸리히Paul Johannes Tilllich는 인간의 삶을 존재와 비존재의 대결로 규정합니다. 존재와 비존재의 차이는 자기 의지가 반영된 삶을 사느냐, 그렇지 않은 삶을 사느냐에 달렸습니다. 어떤 일을 할 때 내 의지가 관철되면 기쁩니다. 이때 우리는 존재로서 삶을 산다고 할 수 있습니다. 반면 내 의지가 무시되면 상실감을 느낍니다. 이때 우리는 비존재로서 삶을 사는 것입니다. 아기는 배고프면 울지만(비존재) 젖을 먹으면 만족합니다(존재). 직장에서 승진하면 기쁘지만(존재), 모욕을 받으면 슬픕니다(비존재).

타인이나 조직, 사회의 규정을 자신보다 우선하여 상실감을 느낀다면 비존재로 사는 것입니다. 반면 나만의 독특한 방식으로 타인과 조직, 나아가 사회에 기쁨과 만족을 준다면 이는 존재로 사는 것입니다. 인생을 살면서 우리는 규칙을 지키기도 하고 자유의지로 규칙을 파괴하기도 합니다. 규칙을 지키는 것과 파괴하는 것 중에 어느 쪽은 좋고 어느 쪽은 나쁘다는 말이 아닙니다. 때로는 규칙을 지키고, 때로는 규칙을 파괴하며, 그리고 새로운 규칙을 만들며 지금보다 더 나은 삶을 살자는 말입니다.

÷ ○ ×

21세기 모던타임즈

"하루의 3분의 2를 자기 마음대로
쓰지 못하는 사람은 노예이다."

니체가 그의 저서 〈인간적인 너무나 인간적인〉에 남긴 문장입니다. 오늘날 우리 삶을 살펴보면 니체의 지적은 대체로 맞아떨어집니다. 각종 회의, 전화 응대, 과중한 업무, 촉박한 마감 기한 등 저마다 속한 직업 특성에 의해 자신의 개성을 펼치지 못한 채 외부 흐름에 떠밀려 어쩔 수 없이 살아갑니다. 틀에 박힌 루틴에 맞춰 진정한 자기 자신을 잃고 노예로 살아가고 있죠. 당장 주변만 둘러봐도 쉽게 알 수 있습니다. 평범한 사람들은 그저 자신이 속한 집단의 틀로 자기 자신을 규정하고, 그곳에서 행복을 추구합니다. 가령 내 주변에 회사와 자신을 구분하지 못하는 지인이

한 명 있습니다. 그는 누구를 만나든 회사나 업무 이야기만 합니다. 자기 삶의 보람이나 소명, 의미까지도 회사 일을 통해서만 찾는 것입니다. 물론 일을 통해 생계를 유지하고, 사회와 공동체 발전에 이바지할 수 있으며, 이로 인해 더 나은 사람이 될 수 있습니다. 이 사실을 부정하는 건 아닙니다. 다만 문제는 집단의 틀로 자신을 규정하여 자신만의 스타일이나 개성을 갖지 못하면 언제든지 다른 무엇으로 대체될 수 있다는 점입니다. 그래서 나는 회사 이름을 자신의 정체성처럼 내세우며 느끼는 자부심을 특히 경계합니다.

✢ ○ ✕

My style

모든 것이 빠르게 변화하는 시대를 살면서, 나 자신을 정확하게 파악하고 개성을 찾는 일이 결코 쉽지는 않습니다. 그냥 타인이나 조직, 사회가 정한 기준에 맞추어 살면 편하겠죠. 그러나 진정한 의미의 성장과 발전은 자신만의 스타일을 찾았을 때 비로소 가능해집니다. 스타일은 한 개인만의 독특한 행동 양식입니다.

그래서 "스타일이 마음에 들어" 혹은 "그 애는 자기 스타일이 없어" 이런 식으로 말하기도 합니다. 예술 분야에서의 스타일은 어떤 작품을 만들기 위해 특정 소재와 형태를 다루는 방법을 뜻하게 됩니다. 흔히 '작품 스타일'이라고 표현하기도 하죠. 이처럼 스타일은 개성을 표현하는 말입니다.

대중매체가 발달한 현대사회에서 개별화된 스타일은 더욱 빠르게 사라지고 있습니다. 각자의 독특한 행동 양식이 사라진 것입니다. 규격화, 획일화, 표준화된 방식이 스타일의 자리를 차지하면서, 우리의 일상적인 삶은 대체로 비슷한 모습이 되었습니다. 아파트에 살면서, 바지는 와이드핏으로 입고, 점심 메뉴는 제육볶음을 먹습니다. 비슷한 스타일을 갖는 것을 당연하게 생각합니다. 이런 세상에서 우리는 자신의 본질을 잃고 비인간적 상태에 빠집니다. 은연중에 소외의 수렁으로 빠져들어, 예민하게 의식하지 않으면 자신이 소외당하는지도 모른 채 무덤덤하게 살아갑니다.

> ✦
> 젊은이를 망치는 가장 확실한 방법은
> '자신과 다른 생각을 하는 사람' 대신에
> '자신과 같은 생각을 하는 사람'을
> 존경하도록 가르치는 것이다.
> – 아침놀 中

벌거벗은 힘

나력裸力, 영어로는 naked strength라고 하죠. 벌거벗은 힘이라는 뜻을 가진 단어입니다. 여름철 참나무를 웅장하게 만들어 주던 무성한 잎이 모두 떨어진 뒤에도 여전히 남아있는 장엄한 힘을 나력이라 합니다. 잘나가는 대기업 임원이든, 3선 정치가든, 스타벅스가 입점한 건물의 건물주든, 후리후리하고 곱상한 얼굴에 큰 키의 훈남이든, 3대 500을 치는 몸짱이든 관계없습니다. 어떤 사람이든 간에 자신을 추켜세워 주던 재력, 권력, 지위, 외모를 모두 벗어 던진 후에도 여전히 남아있는 아름다움을 나력이

라고 합니다. 나 자신에게 물어봅니다. 나의 나력은 무엇인가? 아니 나에게도 나력이라는 것이 있기는 한가? 외부적인 요인을 모두 내려놓은 나에게도 한겨울 참나무와 같은 힘이 남아있을까? 아직 이 질문에 곧바로 대답하기는 어렵지만, 한 가지는 확실하게 말할 수 있습니다. 나는 누군가에게 아름다운 사람으로 기억되고 싶습니다. 물론 사람을 아름답게 만드는 특별한 비법이 따로 있는 건 아닙니다. 그저 일상에서 나력을 축적하려는 부단한 노력에 달렸겠지요. 나는 누군가의 마음을 은은하게 울릴 수 있는 나만의 매력, 나력을 찾고 싶습니다.

두 번째

자신의 세계를 창조하라

+ ○ ×

0101010101010101

잠을 자고 일어난다. 밥을 먹는다. 운동을 한다. 회사에 간다. 인간의 삶은 반복입니다. 일생에 딱 한 번만 일어나는 사건이 아예 없지는 않겠지만, 우리가 일상에서 마주하는 대부분의 사건은 직간접적으로 이미 경험한 것입니다. 그래서 삶을 의미 있게 살아가기 위해서는 일상에서 마주치는 하찮은 일을 어떻게 반복하는가에 주목해야 합니다. 반복이라고 해서 같은 일을 기계적으로 똑같이 수행하라는 건 아닙니다. 그건 그저 '동일성의 재현'입니다. 같은 일을 하더라도 의식적으로 차이를 만들어 내야 합니다. 이것이 '차이의 반복'입니다. 차이의 반복만이 우리 삶에서 근본적인 수준의 변화를 일으킵니다.

삶은 0과 1의 끝없는 선택을 통해 어떤 존재로 형성되어 가는 과정입니다. '책을 읽지 않는다'를 0으로, '책을 읽는다'를 1로 놓고 어제, 오늘, 내일 발생 가능한 모든 선택지를 나열하면 다음과 같습니다.

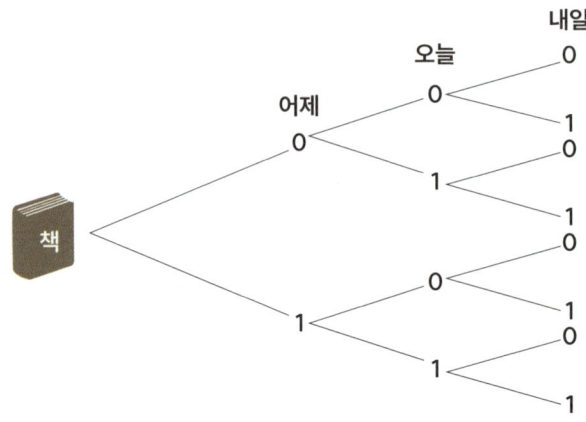

> 0-0-0 어제도 오늘도 내일도 책을 읽지 않습니다.
> 0-0-1 어제도 오늘도 책을 읽지 않았지만, 내일은 책을 읽습니다.
> …
> 1-1-0 어제도 오늘도 책을 읽었지만, 내일은 책을 읽지 않습니다.
> 1-1-1 어제도 오늘도 내일도 책을 읽습니다.

어제, 오늘, 내일의 세 가지 선택에도 2^3($2 \times 2 \times 2=8$)의 경우의 수가 있습니다! 선택의 폭이 넓어지고 그 수가 많아질수록 우리는 처음 모습과 점점 다른 모습으로 변화합니다. 그런데 선택만으로 변화를 설명하기에는 약간의 아쉬움이 생깁니다. 0과 1의 선택지 중에서 계속 더 좋은 것을 선택한다고 해도 무조건 변화가 생기는 것은 아니기 때문입니다. 365일 하루도 빠짐없이 기계적으로 책을 읽는다고 해서, 누구나 다 성장하지는 않잖아요? 책 읽기, 친구 만나기, 밥 먹기처럼 반복되는 일상에서 특별한 의미를 찾는 사람만이 성장할 수 있습니다. 반복되는 선택에서 꾸준하게 차이를 만들면 그것이 곧 자신의 정체성이 됩니다. 어린 시절의 나는 지금과 전혀 다른 모습이지만, 그 모습도 나입니다. 하지만 그때의 나와 지금의 나는 전혀 다르다고 할 만큼 커다란 차이가 있을 겁니다. 쉽게 말해 30년이 지나도 나는 동일한 정체성을 갖는 나이지만, 30년 전의 나와 지금의 나는 전혀 다른 사람입니다. 삶은 반복되는 선택(동일성)에서 의미(차이)를 찾아가는 과정입니다.

÷ ○ ╳

영원회귀의 효과

반복이라는 주제에서 니체의 영원회귀를 빼놓을 수 없습니다. 이 세상에서 동일한 사태의 영원한 반복은 있을 수 없지만, 니체의 영원회귀는 그럴 수 있다고 가정해 보는 것입니다. 니체가 말했듯이 영원회귀는 반쯤 과장으로 봐도 무방합니다만, 영원회귀를 가정한 효과는 상당합니다. 인생의 모든 순간이 끝없이 반복된다고 의식하면서 살아가면 어떤 점이 좋을까요?

첫째로 사소한 일에 일희일비하지 않습니다. 둘째로 어떤 힘든 일이 있어도 시간이 지나면 괜찮아질 것이라고 생각하는 여유를 가질 수 있습니다. 셋째, 계절에 따라 변화하는 자연이 사랑스러워지며 자신도 이에 동화된 듯한 느낌을 받습니다.

> ✦
> 모든 것이 회귀한다는 것은
> 생성의 세계가 존재의 세계에 극도로 접근하는 것이다.
> -유고中

✛ ○ ✕

아름다운 향기를 품은 사람

불교 철학에는 훈습薰習이라는 말이 있습니다. 땔감의 향기가 자연스럽게 스며드는 것처럼, 오랜 기간 반복된 수행으로 지식이나 태도가 몸에 배어 도저히 그것을 지울 수가 없는 상태를 말합니다. 일이든, 공부든, 취미든 무언가 한 가지 일에 오랫동안 몰입하고 깊이 있게 고민하며 이를 단련한 사람에게는 아름다운 향기가 은은하게 뿜어져 나옵니다. 아덴만 여명 작전과 이란 인질 구출 작전, 세월호 사고 등 외상외과 분야의 최전선에서 숱한 생명을 살려낸 외과의사 이국종이나 잉글랜드 프리미어리그 토트넘 홋스퍼와 대한민국 축구 국가대표팀에서 활동하며 두 팀의 주장으로 품격을 보여주고 있는 축구선수 손흥민이 대표적인 인물이라 하겠습니다.

이 글을 쓰고 있는 나의 이름은 재훈在薰으로, 한자를 풀어보면 '향기가 있다'는 뜻입니다. 그래서 나는 이름처럼 살고 싶다고 자주 생각합니다. 지금 곁에 있는 사람들에게, 사랑하는 사람들에게, 그리고 앞으로 만나게 될 이들에게 오랜 시간 동안 숙성된 아름다운 향기를 품은 사람으로 남고 싶습니다.

÷ ○ ✕

글쓰기, 인간의 지적 활동

> ✦
>
> 나는 모든 글 가운데서
> 피로 쓴 것만을 사랑한다. 피로 써라.
> 그러면 그대는 피가 곧 정신임을 알게 되리라.
> - 차라투스트라는 이렇게 말했다 中

"피로 써라." 인공지능이 글을 쓰고 그림을 그리는 최첨단의 세상에서, 도대체 피로 쓴다는 말은 어떤 의미일까요? 일단 말 그대로 혈서血書는 아닌 듯합니다. 어느 책의 해석처럼, 살아 숨 쉬는 글을 쓰라는 말도 아닌 듯 하고요. 피가 곧 정신이라는 니체의 말에 따르면, 글쓰기는 글로 표현되기 이전부터 인간의 정신에 들어있는 '무엇'을 글이라는 매체로 꺼내어 표현한 것입니다. 표현되기 이전의 '무엇'은 형태도 없고 붙들 수도 없는 애매하고 막연한 것입니다. '무엇'은 글쓰기를 통해 언어의 표현 형식과 만나 형태를 얻고, 참다운 의미로, 하나의 사실로 드러납니다. 그러므로 글쓰기는 단순히 지식을 전달하는 수단을 넘어, 우리의 지식체계를 적절하게 구성하는 지적 활동입니다. 이때 '지식체계를 구성한다'는 말은 나의 이념을 작동시켜 올바른 마음을 얻는다는 뜻입니다. 글쓰기는 마음을 표현하는 활동(지식의 전달)을 통해 동시에 마음을 획득하는 일(심성의 함양)입니다. 그래서 글쓰기는 근본적으로 사람됨의 문제라 할 수 있습니다. "피로 써라." 니체의 이 말은 우리에게 글쓰기를 통해 자신의 세계를 창조하기를 촉구하는 충고입니다.

÷ ○ ×

책 읽기, 지평 융합의 방편

한편 '글'은 저자의 주관성이 외부로 표현된 결과물입니다. 글은 독자가 읽는 순간 저자의 주관성에서 벗어날 수밖에 없는 처지에 놓여 있습니다. 그렇지만 글 읽기에서 저자가 사라진다고 해서, 그 일이 고독한 것은 아닙니다.

　독자가 책 읽기를 통해 책의 내용을 자신의 이야기로 구성하는 순간, 독자와 저자는 공동의 주제를 공유하게 되기 때문입니다. 이처럼 독자와 저자의 주관성이 마주한 상황에서 서로를 이해하는 것을 간주관성inter-subjectivity이라 부릅니다. 유사 이래 인류가 쌓아온 찬란한 전통과 문화는 간주관성의 산물입니다.

　우리는 글을 쓰며 자기 생각을 발전시켜 나갑니다. 생각을 발전시킨다는 말은 더 좋은 개념, 더 나은 문장을 통해 지식체계를 적절하게 구성하는 것(이념 작용)입니다. 책을 쓸 때 작가는 수많은 질문을 떠올리고 이를 정리하여 글로 표현합니다. 이 과정에서 활발한 이념 작용이 일어납니다. 그래서 좋은 책에는 저자의 이념 작용이 붙박여 있습니다. 한편 독자는 그 책을 이해하기 위해서 저자의 질문을 쫓아 가보기도 하고 자신만의 질문을 만들어 보기도 합니다. 이 과정에서 독자에게도 끊임없는 이념 작용이 일어납니다. 만일 책 읽기를 통해 독자에게 자신만의 새로운 생각이 생겨났다면, 저자와 독자 간의 지평이 융합되었다고 말할 수 있습니다.

÷ ○ ✕

품격은 향기처럼 천천히 스며든다.

책에는 저자의 품격이 담겨 있습니다. 그런데 독자의 배움을 전제로 한다면, 품격이 높다고 무조건 좋은 책은 아닙니다. 독자의 배움은 책의 이해가 알쏭달쏭한 지점에서 일어나기 때문이죠. 추리소설은 독자의 기대에 어긋나도록 내용을 전개하여 흥미를 유발합니다. 연애소설은 로맨스에 대한 독자의 판타지를 충족하여 대리만족을 줍니다. 배움을 위한 책은 어떨까요? 배움을 위한 책은 독자에게 자신의 품격을 한 차원 높이기를 요청합니다. 배움을 위한 책이 어렵고 재미없는 이유가 여기에 있죠. 그래서 배움을 목적으로 하는 독자라면 자신의 이해 수준에 맞는 책을 선택해야 합니다.

> ✦
> **좋은 책은 모두 세상에 나왔을 때 떫은맛을 낸다.**
> - 인간적인 너무나 인간적인 中

자신에게 좋은 책은 자신만이 알 수 있습니다. 매체에서 누군가가 좋다며 추천하는 책도 괜찮지만, 좋은 책을 선별하는 나만의 안목을 키우는 것이 더 중요합니다. 만약 성공한 사람이 추천한 자기계발서 몇 권을 읽고 인생이 바뀔 수 있다면, 이 세상에 부자나 현자가 아닌 사람이 없을 겁니다. 입안에 들어온 순간 강렬한 알싸함이 확 퍼지는 위스키처럼 책을 단박에 이해하면 참 좋겠지요. 그러나 좋은 책은 한 번 읽었다고 해서 곧바로 전부를 이해할 수 없습니다. 오히려 아침을 깨우는 따듯한 아메리카노의 향긋함처럼, 천천히 음미하며 조금씩 이해해야 합니다.

여러분은 책이 우리에게 도움이 되는 이유가 무엇이라고 생각하나요? 오랜 시간 좋은 책을 읽으며 가까이하면, 책의 좋은 향기가 몸에 배기 때문입니다. 누구나 좋은 사람, 쓸모 있는 사람이 되고 싶어 합니다. 하지만, 책을 좀 읽었다고 해서 하루아침에 그런 사람이 될 수는 없습니다. 그저 옷자락과 머리카락에 자연스레 향기가 배듯, 읽고 또 읽으며 하루하루 축적해 나가야 합니다.

세 번째

모든 족쇄를 벗어던져라

(질량-에너지) 등가에서
(생성-에너지) 등가로

뉴턴Isaac Newton의 역학이 지배하는 세상에서 사람들은 시간이 강물처럼 흐르며, 공간이 주사위처럼 세상을 둘러싸고 있다고 생각했습니다. 그러나 아인슈타인Albert Einstein의 상대성 이론이 등장하면서 많은 부분이 달라졌습니다. 시간은 흘러가는 것이 아니고, 공간은 세상을 둘러싸고 있지 않으며, 시간과 공간이 별개로 존재하는 것이 아님을 알게 되었습니다.

$$E=mc^2$$
물질의 에너지는 질량에 광속의 제곱을 곱한 것과 같다.

아인슈타인을 대표하는 이 유명한 공식은 인간이 존재하는 데에 필요한 시간, 공간, 에너지가 서로 연관된 하나의 체계를 이루고 있다는 사실을 알려줍니다. 우리가 물질이라고 믿는 것은

히로시마에 투하된 핵폭탄 리틀보이

사실 시간과 공간이 응집된 에너지일 뿐, 각각 별도로 존재하는 실체가 아닙니다.

이런 믿기 어려운 사실은 제2차 세계대전 당시 히로시마에 투하된 핵폭탄 리틀보이가 입증했습니다. 64kg의 우라늄-235, 이중 단 1%의 질량이 바뀐 에너지가 거대한 도시를 일순간 잿더미로 만들었습니다.

시간, 공간, 에너지는 어느 한 가지도 따로 분리되어 있지 않습니다. 이러한 깨달음을 니체로부터 찾는다면, 바로 '힘에의 의지'로 설명할 수 있습니다. 시간과 공간 속에서 끊임없이 변화하는 힘에의 의지라는 에너지! 아인슈타인의 '질량-에너지 등가'는 니체의 세계관 안에서 '생성-에너지 등가'로 바뀝니다. 영원회귀 속에서 무한하게 생성하는 인간은 그에 상당하는 힘에의 의지를 가지며, 그 반대 역시 성립한다는 것이죠. 그러면 힘에의 의지가 작용하는 시간과 공간, 그리고 인간의 관계는 어떠할까요?

> ✦
> 기계적으로 고찰하면
> 생성의 총체가 갖는 에너지는 불변한다.
> 경제적으로 고찰하면 그 에너지는
> 영원회귀 안에서 정점에 도달하며
> 그 정점에서 다시 하락한다.
> - 유고 中

÷ ○ ✕

시간, 공간, 그리고 인간

시간

시점時들 사이間를 시간이라고 합니다. 시간은 어떤 한 시점에서 다른 시점으로의 '변화'를 지칭하는 용어입니다. 끊임없이 운동하고 변화하는 것, 그 자체를 시간이라고 합니다. 그래서 시간이 흐른다는 말은 무엇인가 변화한다는 뜻입니다. 학생이 "시험 기간이 짧다"고 말한다면 이는 그간의 변화한 모습을 보여주기 어렵다는 뜻이 됩니다. 어떤 사람이 "만날 시간이 없다"고 말한다면 이는 상대를 만나 그와 더불어 변화하기 싫다는 뜻이 됩니다.

공간

비어있는 것空들 사이間를 공간이라 합니다. 공간에는 무엇을 특정 위치에 담아낼 수 있다는 '고정'의 의미가 들어있습니다. 그래서 "공간이 협소하다"는 말은 무언가를 더 이상 들여놓기 힘들다는 뜻이 됩니다. "가슴이 넓다"는 말은 수많은 상황을 담을 수 있을 만큼 마음에 여유가 있다는 뜻이 되고요. "빈자리를 느낀다"는 말은 당신이 떠난 뒤 마음속 빈 자리를 다른 무엇으로도 채울 수 없다는 뜻이 됩니다.

시간과 공간의 관계

새가 날아가는 순간을 포착한 사진에서는 생명의 역동성을 온전하게 느낄 수 없듯, 어떤 인간을 특정한 모습으로 규정하면 그의 진정한 존재는 감춰집니다. 이처럼 변화를 고정하는 것을 '시간의 공간화(변화 →고정)'라고 합니다. 시간의 공간화는 연속적인 것을 절단하여 불연속적으로 만듭니다. 질적인 것을 양적인 것으로 환원하고, 모든 결과가 인과법칙에 따라 미리 결정된 것이라고 인식하게 만듭니다. 시계는 시간을 공간으로 변화시키는 대표적인 사례입니다.

반대로 고정된 것을 변화시키는 '공간의 시간화(고정→변화)'도 있습니다. 공간의 시간화는 고정된 대상을 변화시킵니다. "똑같은 강물에 다시 발을 담글 수 없다"는 헤라클레이토스의 말처럼, 모든 사물을 언제나 다른 것으로 변화하게 만듭니다. 이처럼 운동이 있는 곳에 생명이 있기에, 황량한 사막을 생명이 살아 숨쉬는 숲으로 만들거나, 고통과 좌절로 방황하는 사람을 새로운 희망과 도전으로 이끌 수 있습니다.

하지만 세상을 변화로 이해하는 공간의 시간화만으로는 대상을 정확하게 파악할 수 없습니다. 대상을 이해하기 위해서는 끊임없이 변하는 대상을 고정할 수 있는 시간의 공간화도 필요합니다. 변화와 고정의 반복 속에서 삶의 모든 순간이 생겨나기 때문입니다.

시간과 공간과 인간의 관계

자신의 한계를 극복하고 변화하는 삶을 긍정하는 사람은 시간의 공간화와 공간의 시간화를 적절하게 사용합니다. 이들은 내가 속한 공간에서 나와 함께하는 사람들이 발전하도록 노력합니다. 이렇게 시공간을 창조하려는 역동적 노력(고정↔변화)이야말로 사람人과 사람 사이間를 뜻하는 인간이란 존재의 진정한 모습일 것입니다. 경제적으로 봐도 지루한 시공간은 금방 없어지지만, 가슴 설레는 시공간은 살아남습니다. 백화점 1층 명당에 명품 매장이 아니라 팝업스토어가 들어서는 맥락과 비슷하죠. 그리고 〈출애굽기〉는 안으로는 불안한 백성들을 다독이고 밖으로는 자신들을 뒤쫓는 파라오의 군대에 대항하여 이집트를 탈출하는 모세의 이야기를 담고 있습니다. 모세가 그랬듯이, 우리도 끊임없이 변화하며 더불어 나아가는 세상을 상상해 볼까요?

÷ ○ ×

벌거벗은 임금님에 대한 4가지 질문

안데르센의 유명한 동화 〈벌거벗은 임금님〉을 읽고 나면 몇 가지 의문점이 남습니다.

① 재단사는 임금님과 신하들에게 이렇게 말했습니다. "이 옷감은 무식하거나 자격이 없는 사람의 눈에는 보이지 않는 특수한 옷감입니다." 이런 거짓말이 사람들에게 먹혀든 이유는 무엇일까요? ② 사람들은 임금님이 벌거벗은 것을 알았지만, 옷에 대한

찬사만 늘어놓았습니다. 오직 한 명의 소년만이 눈에 보이는 그대로 "임금님이 벌거벗었다!"라고 말했죠. 어떻게 이런 일이 일어날 수 있었을까요? ③ 소년이 진실을 말했음에도 가족들은 "얼토당토않은 소리 하지 마!"라고 소년을 윽박지르고 무시했습니다. 왜 그랬을까요? ④ 소년은 사람들의 만류에도 굴하지 않고 계속해서 임금님은 벌거벗었다고 외쳤습니다. 그러자 어느 순간부터 사람들 사이에 동요가 일어났고, 이내 사람들은 벌거벗은 임금님을 조롱하기 시작합니다. 사람들은 왜 처음부터 진실을 말하지 않고, 나중에서야 진실을 말한 걸까요?

사람들은 끊임없이 자신을 평균에 맞추려고 합니다. 평균은 주어진 전체값의 중간값을 의미하지요. 이 말처럼 평균에 맞춘

다는 말은 '보통'이나 '대부분'에서 크게 벗어나지 않도록 자기 삶을 타인이나 사회가 정한 기준에 맞추는 것입니다. 대부분 그렇다. 보통 그렇게들 살더라. 중간이라도 가야지. 남들처럼 살아야지. 여러분이 살면서 많이 들어본 말일 겁니다. 심지어 평균에서 벗어난 삶의 두려움을 "모난 돌이 정 맞는다"라고 표현하기까지 하죠. 사람들은 평균에 맞춘 삶을 살지 않으면 심각한 문제가 생길 거라고 말합니다. 그런데 정말 그럴까요?

나의 위치가 어디인가. 나는 어떤 능력을 갖추었는가. 나는 어떤 역할을 해야 하는가. 우리는 살아가면서 끊임없이 이 같은 고민을 합니다. 그래서 나를 곧잘 남들과 비교하게 됩니다. 내가 어떤 사람인지 알지 못하기에, 비교를 통해 자기 자신을 대충 가늠하고 별다른 근거도 없이 낮추거나 올립니다. 때로는 사회가 암묵적으로 강요하는 기준에 맞추고자 그렇게 행동하기도 하죠.

그렇지만 나를 깎아내리는 것은 나의 가치를 인정하지 못하는 행위입니다. 그리고 나를 무작정 올리는 것은 나의 가치를 제대로 파악하지 못하는 행위입니다. 나의 존재에 대한 의심은 인간의 본능이지만, 이런 태도는 자신의 사고와 행동을 부정적으로 옭아매기 때문에 초인으로 가는 여정을 방해합니다. 그래서 니체는 독립이야말로 강자의 특권이라고 말합니다. 남이 정한 기준에 맞추어 산다면, 그것은 그저 노예의 삶에 불과합니다.

> 너는 너의 주인이며 동시에
> 네 자신의 미덕의 주인이 되어야만 했다.
> 과거에는 미덕이 너의 주인이었다.
> 그러나 그 미덕은 다른 도구들과 마찬가지로,
> 오로지 너의 도구여야 한다.
>
> - 인간적인 너무나 인간적인 中

숫자만으로는
쓰레기통의 불을 끌 수 없다.

여러분, 세상살이가 모두 다 똑같을 필요가 있을까요? 말콤 글래드웰Malcolm Gladwell의 책 제목으로 널리 알려진 '아웃라이어outliers'라는 말은 이 세상을 평균만으로 설명할 수 없다는 진리를 잘 보여줍니다. 아웃라이어를 사전에서 찾아보니, '본체에서 분리되거나 따로 떨어져 있는 것, 표본 중 다른 대상과 확연히 구분되는 통계적 관측치'로 정의되어 있더군요. 물론 일반적으로 아웃라이어는 데이터 이상치로 간주되므로, 결과를 도출하는 과정에서 무시되고 삭제됩니다. 사람들이 알고 싶은 것은 소수의 생각이나 개인의 생태 같은 개별성이 아니기 때문입니다. 사람들은 다수의 생각이나 대중의 생태와 같은 보편성에만 관심을 둡니다. 그에 대한 대표적인 지표가 바로 평균입니다. 얼마나 많은 사람이 그렇게 생각하는지, 얼마나 많은 사물이 그런 성질을 갖는지만 중요하게 여깁니다. 이를 위해 통계, 공식, 차트, 그래프, 표 등이 필요한 것이죠.

이와 관련된 웃픈 이야기가 하나 있습니다. 물리학, 화학, 통계학 교수 세 명이 한 방에 모여 있는데 쓰레기통에서 불이 났습니다. 물리학 교수는 "자재 온도를 낮춰야 불이 붙지 않는다"라고 말했습니다. 이에 화학 교수는 "아닙니다! 산소 공급을 차단해야 불이 붙지 않지요"라고 말했습니다. 그러자 통계학 교수가 방안을 뛰어다니며 불을 붙였습니다. 다른 교수들이 놀라 "도대체 무슨 짓이오?"라고 물었습니다. 그러자 통계학 교수는 "불을 더 붙여야 충분한 샘플을 얻지요"라고 답했습니다. 공식이나 통계 그래프의 숫자로는 쓰레기통에 붙은 불을 끌 수 없겠지요. 인간은 흘러가는 시간 속에서 사회적 관계를 이루며, 이성과 감성을 활용하며 살아갑니다. 그러니 숫자만으로는 현실을 알 수 없습니다.

÷ ○ ✕

벌거벗은 임금님에 대한 4가지 답변

끝으로 앞서 언급한 〈벌거벗은 임금님〉의 의문점에 대한 나름의 답을 제시해 보고자 합니다. 각각 ① 허영심 ② 체면 ③ 동조 ④ 용기의 부족입니다. 허영심으로 인해 거짓말은 어느새 사실로 변하고, 틀렸다고 말하면 체면이 서지 않으므로 사실은 은폐됩니다. 다수의 생각에 동조하지 않고 진실을 말하는 자는 억압받지만, 진실은 언제나 용기 있는 사람에 의해 밝혀지게 되어 있습니다.

네 번째

깨지 않는 꿈을 꾸어라

달을 동경하기에 바빠
발밑에 떨어진 6펜스도 보지 못하는 사람

3·1 독립만세운동이 일어난 1919년, 서머싯 몸_{William Somerset Maugham}은 소설 〈달과 6펜스〉를 발표했습니다. 화가 고갱_{Paul Gauguin}을 모델로 하여, 한 남자의 꿈에 대한 갈망을 그린 소설입니다. 소설의 내용을 짧게 전하자면, 평범한 중년 남자가 그림을 그리고 싶은 마음속 깊은 갈망으로 인해 가족과 편안한 삶을 버리고 집을 떠납니다. 그는 파리의 뒷골목에서 홀로 그림을 그립니다. 훗날 태평양의 외딴섬으로 떠나 자연 속에서 그림을 그리며 살다가 나병에 걸려 죽게 되지요. 그는 죽기 전에 위대한 그림을 그려내지만, 유언에 따라 전부 불태워 없어집니다.

〈달과 6펜스〉라는 멋진 제목에 이끌려 읽게 되었지만, 다 읽은 뒤에도 이 제목의 뜻을 분명히 알 수 없었습니다. 소설의 내용에 제목을 언급한 대목이 없기 때문입니다. 작품 해설을 찾아보니 '달'은 아름다움을 동경하는 예술의 세계 혹은 이상 세계를 상징하며, '6펜스'는 물질과 실용의 가치를 추구하는 세속의 세계 혹은 현실 세계를 상징한다고 합니다. 그런데 책 제목이 〈달과 6펜스〉가 된 사연이 조금 엉뚱합니다. 그 사연은 이렇습니다. 어느 언론 논평에서 〈달과 6펜스〉보다 몇 년 앞서 출간된 몸의 다른 소설 〈인간의 굴레에 대해〉의 주인공을 이렇게 지칭한 것입니다. "이 소설의 주인공은 달을 동경하기에 바빠 발밑에 떨어진 6펜스도 보지 못하는 사람이다." 몸은 논평의 비유를 다음 소설의 제목으로 삼았습니다.

한편 고갱의 그림 중 심오한 제목이 붙은 작품이 하나 있습니다.

우리는 어디서 왔고,
우리는 무엇이며, 우리는 어디로 가는가?
Where Do We Come From?
What Are We? Where Are We Going?

그림의 제목은 우리에게 삶이란 무엇인지 질문을 던집니다. 기독교 철학자 프란시스 쉐퍼Francis August Schaeffer는 자신의 저서에서 이 질문에 대해 이렇게 답합니다. "온 곳도 없고, 아무것도 아니며, 갈 곳도 없다." 그는 '현실 없는 이상'이 무의미하다고 말하고 있습니다. 니체도 마찬가지로 '달을 동경하기에 바빠 발밑에 떨어진 6펜스도 보지 못하는 사람'을 비판합니다.

> ✦
> **이상을 좇는 인간은 구제할 방법이 없다.**
> **그는 천국에서 추방당하면 지옥에서**
> **새로운 이상을 찾아내는 인간이기 때문이다.**
> **그에게 환멸을 안겨 주면, 방금 전까지**
> **열렬한 헌신으로 품고 있던 희망을**
> **내동댕이치고 곧바로 이 새로운 고통을 품에 안는다!**
> – 인간적인 너무나 인간적인 中

그렇지만 니체의 말을 곧이곧대로 받아들여서는 안 됩니다. 니체가 이상을 따라가는 인간을 비판한다고 해서, 그가 이상을 불필요하다고 여기는 것은 아닙니다. 니체가 비판하는 이상을 좇는 사람이란 현실을 외면하고 오직 이상만을 바라보는 사람입니다. '현실 없는 이상'은 무의미하지만 '이상 없는 현실'도 올바른 삶을 설명하기에는 부족합니다. 니체의 말처럼, 이상만 좇는 인간은 구제할 수 없습니다. 하지만 현실을 잘 살기 위해서는 분명 이상도 필요합니다. 현실을 잘 산다는 말은 이상이 그리는 삶, 즉 형이상학에서 설명하는 그 삶을 실제로 잘 살아간다는 것을 의미하기 때문입니다.

÷ ○ ×

우리는 누구나 다소간 형이상학자다.

현실에서 어려움을 겪으며 '이렇게 말고 저렇게 살아야지'라고 생각할 때, 당장 무엇을 떠올리나요? 만일 여러 날을 굶었으나 돈이 없어 아무것도 살 수 없는 형편이라면, 돈이 많이 생겨서 맛있는 음식을 원 없이 먹는 꿈을 꿀 것입니다. 사랑하는 사람이 떠나고 없다면, 우리는 그가 다시 돌아와 내 곁에 있다는 상상을 하겠지요. 여기에서 '꿈꾼다', '상상한다'와 같은 동사를 사용한 이유는 우리가 결핍을 채우고자 할 때 떠올리는 대상은 현실이 아니기 때문입니다. 그것은 아직 현실(형이하)에서 이루어지지 않았기에 이상(형이상)입니다. 구체적인 형상形을 갖는 대상을 탐구하는 학문 분야를 총칭하는 형이하학을 영어로 physics라고 하죠. 형이상학은 형이하학$_{physics}$이 탐구하는 대상을 초월$_{meta}$한 것이기에, meta-physics라고 합니다. 형이상학은 항상 우리의 마음에 붙박여 있습니다. 우리가 현실을 견디는 힘은 형形을 벗어난 꿈以上을 꿈꾸며 하루하루 버티어 내는 형이상학形而上學적 마음에서 비롯되기 때문입니다. 만약 우리가 현실의 삶에 만족하지 못하고 아직 이루어지지 않은 삶, 더 나은 삶을 추구한다고 가정해 봅시다. 이때 우리는 세상 모든 것의 원본인 '이데아'를 떠올리거나, 나를 초월하는 '신'을 떠올리거나, 혹은 자기가 이루고자 하는 '꿈'을 떠올릴 겁니다. 그렇다면 그 어떤 것을 떠올리든 관계없이 누구나 다소간 형이상학자philosopher라고 할 수 있습니다.

> ✳
> 내가 진정으로 두려워하는 것은
> 우리가 오늘날 자연적인 것과
> 현실적인 것을 찬양하며 도달한 세계가
> 모든 이상주의와 정반대되는 지점,
> 즉 밀랍 인형이 전시된 진열장 같은 곳이라는 데 있다.
> – 비극의 탄생 中

+ ○ ×

꿈은 이루어진다?

보고서 마감, 프로젝트 마감, 제안서 마감, 접수 마감, 원고 마감 등 우리는 늘 가지각색의 마감에 쫓깁니다. 다르게 생각하면 다행스럽기도 합니다. 현실에서 우리가 수행하는 '실제적인 일'에는 언제가 될지는 모르지만, 그래도 끝이 있다는 뜻이니까요. 하지만 꿈을 꿔나가는 '이상적인 일'에는 끝이 없습니다. 만약 '나는 이런 사람이 되고 싶다'고 마음 먹었다면, 그 지향을 달성하기 위해 끊임없이 정진해야 합니다. 이 일은 누가 대신할 수도 없고, 목숨이 붙어있는 한 마감도 없습니다. "꿈은 이루어진다!" 이 말을 들으면 가슴이 뛰지만, 한편으로 왠지 모를 아쉬움이 남는 것은 그래서인 걸까요.

여러분 정말로, 진짜로, 꿈은 이루어질까요? 그토록 고대하던 꿈이 이루어졌다고 상상해 봅시다. 꿈이 이루어지는 순간, 우리는 또 다른 꿈을 꾸어야 합니다. 이루어진 꿈은 더 이상 꿈이 아니기 때문입니다. 꿈은 과거를 재구성하고 미래를 상상하여 현재의 나를 추동하는 힘입니다. 그래서 지금 꿈꾸지 않으면 어떠한 변화도 없습니다. 하지만 꿈은 그저 꾸는 것일 뿐, 결코 이루어질 수 없습니다.

+ ○ ×

이세계물의 원조

언젠가부터 영화, 드라마, 애니메이션에서 '이세계 전생물'이라는 장르가 꽤 유행하고 있습니다. 대체로 현실 세계에서 불행한 삶을 살던 주인공이 다른 세계(주로 판타지 세계)로 환생하여 새로운 환경과 능력을 부여받아 이전과 전혀 다른 삶을 살아가는 유쾌한 플롯으로 되어 있죠. 이런 장르가 유행하는 이유는 오늘날 우리가 사는 현실 세계가 그만큼 팍팍하다는 뜻 아닐까요?

> ✦
> **모든 사람을 위한,**
> **그러면서도 그 어느 누구를 위한 것도 아닌 책**
> - 차라투스트라는 이렇게 말했다 中

〈차라투스트라는 이렇게 말했다〉에서 니체가 전달하려는 사상의 내용과 이를 합리화하는 과정에서 어떤 묘사를 썼는지에 주목한다면, 이 작품을 일종의 이세계 장르라고 할 수 있겠습니다. 차라투스트라는 니체가 창조한 가상의 인물입니다. 차라투스트라는 실존하는 인물에게서 가져온 이름인데요. 조로아스터Zoroaster라는 페르시아식 이름을 독일어로 발음한 것입니다. 조로아스터는 본래 페르시아의 전설적인 예언자이며, 조로아스터교라고 불리는 종교의 창시자입니다. 조로아스터교는 불을 통해 신의 본성을 깨달으려 노력한다고 해서 배화교拜火敎라고 부르기도 하죠. 니체는 그의 이름을 빌려 이제까지의 서양 형이상학에 대한 비판, 그리고 자신의 새로운 견해와 체험을 〈차라투스트라는 이렇게 말했다〉에 상징적으로 투영하고 있습니다.

> ✳
> 나의 저서 중 독자적인 위치를 차지하고 있는 것은
> 〈차라투스트라는 이렇게 말했다〉이다.
> 나는 이 책으로 인류에게 최대의 선물을 베풀었다.
> – 이 사람을 보라 中

〈차라투스트라는 이렇게 말했다〉는 예수의 행적을 서술한 〈신약성서〉의 복음서를 모델로 삼은 것으로 보이며, 니체 자신은 '제5 복음서'라고 부르기도 합니다. 이 책의 구조는 차라투스트라가 자신을 개선해 나가고, 다른 한편으로는 자신이 배운 것을 사람들에게 설교하는 형태로 되어 있습니다. 이 두 가지 과정은 올라감과 내려옴의 대립 운동입니다. 차라투스트라는 서른 살에 산으로 올라가 10년 동안 고독하게 자기반성을 하며, 마흔에 이르러 지혜와 긍지를 얻고 산에서 내려와 자신이 깨달은 바를 사람들에게 가르칩니다. 차라투스트라의 여정은 니체의 초인 사상, 힘에의 의지, 영원회귀가 어떻게 형성되며, 어떻게 전파되는가를 보여줍니다. 각각의 의미는 이미 앞에서 언급했으므로, 여기서는 〈차라투스트라는 이렇게 말했다〉에서 니체가 자신의 논지를 전개하는 과정이 어떠한 의미를 갖는지 소개하고자 합니다. 이는 다음의 인용문을 설명하는 과정에서 자세히 확인할 수 있습니다.

> 천명지위성(天命之謂性) 하늘의 명령을 일컬어 성이라 하고,
> 솔성지위도(率性之謂道) 성을 따르는 것을 일컬어 도라 하며,
> 수도지위교(修道之謂敎) 도를 닦는 것을 일컬어 교라 한다.
> — 자사 〈중용(中庸)〉 수장 中

성리학의 정수가 담긴 〈중용〉의 수장, 즉 첫 번째 장의 내용입니다. 수장은 논문으로 치면 초록이라 할 수 있습니다. 아, 그런데 갑자기 웬 뜬금없는 중용이 나오냐고요? 이 책을 펼친 독자의 원성이 여기까지 들리는 듯합니다. 요즘엔 한자를 보면 질겁하고 피하는 사람이 많다는 것을 나도 알고 있습니다. 하지만 잘만 따라오면 그리 어렵지 않습니다! 먼저 〈중용〉의 수장을 일상적인 말로 풀어보겠습니다.

÷ ○ ×

내멋대로 〈중용〉 풀이

천명지위성(天命之謂性)

하늘의 명령 order을 성 nature이라고 합니다. 성이란 간단히 말해 본성이나 개성을 말합니다. 성은 말로 규정할 수 없는 형이상학적 실재이며, 인간이라면 마땅히 따라야 할 도덕적 근거입니다. 그래서 "하늘의 명령이 곧 인간의 본성"이라는 말은 하늘이 준 인간의 성품은 이를 드러내려는 노력을 기울일 때 비로소 모습을 드러내는 형이상학적 실재라는 특성을 갖는다고 알려줄 뿐입니다.

솔성지위도(率性之謂道)

도$_{road}$는 성$_{nature}$을 따르는 것입니다. 같은 곳을 여러 번 지나면 자연스럽게 길이 만들어집니다. 삶도 이와 마찬가지입니다. 어떤 일이든지 반복해서 수행하면 저절로 이치를 깨달을 수 있습니다. 이러한 깨달음이 바로 '도'입니다. 그래서 "성을 따르는 것이 도"라는 말은 개성을 찾아 떠나는 삶의 방식을 논하는 것입니다. 진정한 나를 찾아 떠나는 길은 어떠해야 할까요? 서울에서 부산으로 갈 때 다양한 교통수단이 있듯, 목적지가 같다고 해서 가는 방법이 다 똑같지 않습니다. 누구나 자신만의 합당한 길이 있습니다. 김연아 선수가 피겨의 여왕이 된 것은 피겨라는 자기만의 합당한 방식을 찾았기 때문입니다. 합당한 것이, 합당한 곳에, 합당하게 기능할 때, 우리는 "성과 도가 하나 되었다"라고 말합니다. 이를 위해 우리가 해야만 하는 일은 무엇일까요?

수도지위교(修道之謂敎)

교$_{practice}$는 도$_{road}$를 갈고 닦는 것입니다. '1만 시간의 법칙'을 들어본 적 있을 겁니다. 한 분야에서 매일 3시간씩 10년을 꾸준하게 노력하면 전문가가 될 수 있다는 법칙이지요. 이것은 도를 갈고닦는 교의 과정을 알게 해주는 좋은 은유입니다. 무엇인가 결심했다면 제대로 하려는 의지나 태도가 중요합니다. 어떤 길을 선택할지는 알 수 없지만, 선택한 길을 갈고닦아 나가는 것은 오로지 나의 의지나 태도의 문제이기 때문입니다. 보통 사람들은 누군가 이미 규정해 놓은 길을 따라갑니다. 열심히 공부해서 대학을 졸업하고 직장에 들어가 가정을 꾸리는 평범한 삶. 누구나 이미 따르고 있거나 따를 수밖에 없는 길이죠. 그러나 비슷한 삶을 선택할 수밖에 없다고 해서 삶을 대하는 의지나 태도까지 선택할 수 없는 것은 아닙니다. 어떤 일을 하든지 간에 배우려는 의지, 그 일에 대해 열정을 갖고 임하는 태도는 내가 선택할 수 있습니다. 하늘에 이르는 도를 찾으려는 열망으로 말입니다.

성(性)→도(道)→교(敎)

하늘의 명령을 성이라 하며, 그것에 이르는 길을 도라 하며, 그에 맞는 도를 찾는 노력을 교라 합니다. 이 말인즉슨 '성→도→교'는 하늘의 명령을 찾은 사람을 쭉 지켜보니 "그 사람은 이런 성품이고, 그 성품에 맞는 도를 갖추고 있으며, 이러저러한 노력을 했다"라는 것을 기술description 해 놓은 것입니다. 김연아 선수를 다시 예로 들어보겠습니다. 김연아 선수를 쭉 지켜보고 "그녀가 어린 시절부터 피겨라는 자기 길을 찾아 열심히 노력했고 그랬더니 그 자리에 올랐더라"라고 말하는 것입니다. 성공한 사람을 모델로 삼아 그가 걸어온 궤적을 기술한 것이죠. 그런데 '성→도→교'를 거꾸로 놓고 보면, 시간 속에서 살아가는 우리 삶의 여정을 나타내게 됩니다.

교(敎)→도(道)→성(性)

자기 일을 성심성의껏 수행함으로써 자신이 가야 할 길을 찾게 되고 결국 하늘로부터 주어진 자기 소명을 인식하게 됩니다. 이 말은 개성을 따르는 삶을 살기 위해서 우리가 무엇을 어떻게 해야 하는지 따져 물어야 한다는 것을 강조합니다. 가령 나는 매일 꾸준히 글을 쓰겠다고 결심하고 노력했습니다. 그러다 보면 언젠가 내 길을 찾을 수 있지 않을까요? 물론 찾을 수도, 못 찾을 수도 있습니다. 다만 그런 소망을 갖고 노력하는 거죠. 이처럼 '교→도→성'은 완성된 사람을 기준으로 삶을 설명하는 것이 아닙니다. 불완전한 한 인간이 자신을 찾아가는 그 삶의 여정이 어떠해야 하는가를 묻습니다. 저마다의 지향에 다다르기 위한 길이 모두 같을 수는 없습니다. 그 길은 각자가 만들어 갈 수밖에 없습니다.

자리행과 이타행

'성→도→교'와 '교→도→성'은 서로 방향이 바뀐 것뿐이지만, 그 의미에는 상당한 차이가 있습니다. '성→도→교'가 형이상학의 프로세스라면, '교→도→성'은 형이하학의 프로세스입니다. 전자가 초인이 무엇인가를 설명하는 것이라면, 후자는 어떻게 하면 초인이 될 수 있는가 하는 과정을 묻습니다. 전자가 표현 이전의 표준을 설명하는 것이라면, 후자는 표현 이전의 표준에 다다르는 여정을 뜻합니다. 그래서 전자를 철학이라 부르고, 후자를 실천이라 부릅니다. 차라투스트라가 산에서 보낸 10년이 전자라면, 산에서 내려와 자신의 이상을 설파한 10년은 후자입니다.

나는 내가 빛나는 별인 줄 알았어요.
한 번도 의심한 적 없었죠.
몰랐어요, 난 내가 벌레라는 것을.
그래도 괜찮아 난 눈부시니까.

황가람이 부른 〈나는 반딧불〉의 가사입니다. 그가 노래한 것처럼 우리는 반딧불과 춤추는 별 사이에 있는 어중간한 존재입니다. 진정한 자기를 넘어서고자 하며, 끊임없이 추구해 나갈 때, 비로소 짐승(반딧불)보다 초인(춤추는 별)에 더 가까워질 수 있습니다. 그러나 우리 삶이 여기서 그쳐선 안 됩니다. 우리에게는 더불어 살아가는 타인을 우리가 나아가는 그 길로 안내해야 하는 과제가 남아있습니다. 이러한 올라감(자리행)과 내려감(이타행)은 차라투스트라가 보여주었듯 영원한 순환이며 회귀입니다. 그리고 바로 그때 우리는 각자의 삶에서 모두 함께 주인공이 될 수 있습니다.

에필로그

춤추는 별이면 됐지, 언제 빛나는지 그딴 게 뭐가 중요한데?

흔히 결과를 예측할 수 없을 때는 불안이라는 말로, 결과를 예측할 수 있을 때는 공포라는 말로 표현합니다. 요즘 뉴스를 보면 20대 신입사원의 퇴사가 많다고 하더군요. 세세한 사정이야 알 수 없으나, 새로운 도전은 언제나 환영받아 마땅하다고 생각합니다. 20대의 이러한 도전에는 불안이란 표현을 사용할 수 있습니다. 앞으로 어떻게 될지 아무도 모르기 때문입니다. 그런데 40대이며 한 가정의 가장이 새로운 도전을 위해 안정적인 직장을 그만두었다고 하면, 그것은 공포입니다. 불안과 공포의 차이를 눈치챘나요? 이 말을 하는 이유는 이 책을 마무리하는 지금, 내가 불안과 공포를 동시에 느꼈기 때문입니다. 나는 니체가 했던 방식과 전혀 반대의 방식으로 니체를 전달하고자 한 시도가 과연 어떤 결과를 가지고 올까 하는 불안을 느낍니다. 그리고 이 과정에서 나도 모르는 사이에 내가 믿는 가치를 여러분에게 강요했을지 모른다는 점에서는 공포를 느낍니다. "마흔 살이 넘으면 자서전을 쓸 권리가 주어진다." 이 말에 대해 니체는 가차 없이 오만이라고 답변한 바 있습니다. 자서전을 쓰는 일이 자신이 믿었던 가치를 타인에게 강요하겠다는 것을 전제하기 때문입니다. 물론 이 책이 자서전은 아닙니다만, 앞서 반복하여 말했듯 글쓰기는 사람됨을 반영하게 되어 있지 않겠습니까? 나의 사람됨이 반영된 글! 왠지 발가벗은 느낌이 듭니다.

나는 교육학을 공부하다가 철학에 빠지게 되었고 어쩌다 보니 니체에 관한 책을 쓰게 되었습니다. 교육학을 공부하는 사람이 어째서 철학이나 니체 사상을 이야기하고 있는가, 이 책을 펼친 분들이 약간 의아함을 느낄지도 모르겠습니다. 여기에 답을 하려면, 먼저 철학이 무엇인지 짚고 넘어갈 필요가 있습니다. 철학은 사실 존재론이 어쩌고 인식론이 저쩌고 하는 한가로운 이야기가 아닙니다. 철학은 philosophy라는 말의 어원 그대로, 지혜를 사랑하는 학문입니다. 지혜에도 여러 가지 종류가 있겠으나, 나는 그것이 대체로 올바른 삶을 살기 위한 지혜라고 생각합니다. 올바른 삶이 무엇인지 설명하는 것이 철학이라면, 철학에서 설명하는 올바른 삶을 사는 사람을 어떻게 기를 것인가 고민하는 것이 바로 교육학입니다. 그러니 철학과 교육학은 서로 뗄 수 없는 운명입니다. 이제 와 생각해 보니 내가 이 책을 쓰게 된 것은 아무래도 우연이 아닌 모양입니다.

문득 〈차라투스트라는 이렇게 말했다〉를 처음 읽었을 때가 생각납니다. 생소한 은유와 기묘한 캐릭터, 알쏭달쏭한 독백이 난무하는 책. 당시 스무 살이었던 나는 이 책이 말하고자 하는 바를 조금도 이해하지 못했습니다. 그렇게 한참 동안 니체를 잊은 채 살아왔습니다. 그러다가 은유를 주제로 한 논문을 준비하며 니체에 대해 다시 찾아보게 되었습니다. 아니 그런데 이게 웬일인가요? 긴 세월이 지나고 다시 읽어보니, 지난 시절엔 저절로 욕이 나올 만큼 어려웠던 니체의 말이 술술 이해되기 시작했습니다. 마치 니체가 말을 거는 것처럼 느껴졌습니다. 예컨대 〈차라투스트라는 이렇게 말했다〉에서 니체는 "지금 순간을 영원히 산다고 해도 또 이렇게 살 거야?" 〈비극의 탄생〉에서는 "고리타분한 형이상학도 이런 쓸모가 있어." 그리고 〈이 사람을 보라〉에서는 "제

발 나와 내 책을 제대로 이해해 줘…" 이렇게 말이지요. 나는 어떻게 갑자기 난해한 니체의 책을 이해할 수 있게 된 걸까요? 물론 내가 처음 〈차라투스트라는 이렇게 말했다〉를 읽은 뒤로 20년 정도의 시간이 흘렀습니다. 시간이 적잖이 흐른 만큼 연륜이 늘어났던 것일까요? 아니면 철학에 대한 지식이 쌓였기 때문일까요? 모두 꼭 들어맞는 이유는 아닙니다. 그것은 내가 이제 세상을 보는 나만의 틀을 갖게 되었기 때문입니다. 삶도 철학도 모두 무언가 비추어 볼 수 있는 틀이 있어야 해석할 수 있습니다. 나는 이 책에서 그저 나의 틀을 통해 비추어 본 니체를 여러분께 조금이나마 공유하고자 했습니다.

해석학적 순환hermeneutic circle이라는 말이 있습니다. 성경을 최대한 원래 의도대로 명확하게 해석하는 방법을 고민하는 학문인 성서해석학에서 나온 개념입니다. 책을 읽을 때, 책의 한 부분은 전체에 비추어서 이해됩니다. 그리고 책 전체에 대한 이해는 부분에 비추어서 다시 고쳐집니다. 전체와 부분이 끊임없이 서로 맞물려 해석되는 것이 바로 해석학적 순환입니다. 이 책을 이루고 있는 장과 절은 전체적인 정합성을 갖추고자 의도적으로 편집했지만, 각각 별도의 주제를 갖는 개별적인 글로 보아도

무방합니다. 다만 전체와 부분의 내용이 해석학적 순환을 이루는가는 독자 여러분께서 판단해 주시기 바랍니다. 그럼 이제 해석학적 순환을 우리 삶에 적용해 봅니다. 나의 오늘은 내 인생 전체에 영향을 주고, 나의 인생 전체에 비추어 오늘에 의미가 생깁니다. 내가 오늘 배운 작은 지식은 내가 가진 지식 전체에 영향을 주고, 내가 가진 지식 전체에 비추어 오늘 배운 지식이 의미를 가집니다. 그러니 당신이라는 사람이 누군가의 인생에 작은 파문을 일으켰다면, 그의 인생에 비추어 당신이라는 사람에게도 의미가 생기는 것입니다. 이 책이 여러분께 그런 파문을 일으킨다면, 그 파문에 의해 나에게도 어떤 의미가 생길 테지요.

나는 그간 주로 학문적 글쓰기를 해왔기에, 이 책은 일반인을 대상으로 한 최초의 장편 글쓰기입니다. 논문 형식에서 벗어나고자 무던히 애썼으나, 어느새 개념을 주절주절 설명하고 있는 나를 발견합니다. 그러다 보니 전적으로 학술적인 책도 아니고, 또 그렇다고 대중적인 책도 아닌, 장르가 애매한 책이 되어버렸습니다. 갑자기 〈차라투스트라는 이렇게 말했다〉의 한 구절이 떠오릅니다. "춤추는 별 하나를 탄생시키기 위해 사람은 자신들 속에 혼돈을 지니고 있어야 한다." 만일 내가 쓴 책을 별에 비유한다면,

춤추는 별보단 비틀비틀 스텝이 꼬인 별이 더 어울릴 듯합니다. (앗싸 호랑나비!) 그래도 어쩌겠습니까. 이것이 나인데.

아쉽지만, 이제 이야기를 마무리하고자 합니다. 이 책을 쓰는 일은 나에게 망각의 실천이자 일종의 치유였습니다. 돌이켜 보면, 얼마나 행복한 순간이었는지! 혹시나 이 책에 쓴 내용을 내가 전적으로 실천하고 있다고 생각하는 사람은 아마 없겠지요? 나 역시 이 책의 내용처럼 살아갈 수 있기를 간절히 바랄 뿐입니다. 그러니 이 책은 어쩌면 나의 디오니소스를 표현한 것일지도 모르겠습니다. 끝으로 이 책이 나오기까지 도움을 주신 모든 분에게 전하고 싶은 말을 유치환의 〈행복〉이라는 시의 마지막 부분으로 대신하겠습니다.

그리운 이여, 그러면 안녕!
설령 이것이 마지막 인사가 될지라도
사랑하였으므로 나는 진정 행복하였네라.

참고문헌

〈강아지똥〉, 권정생 지음, 길벗어린이
〈개념-뿌리들〉, 이정우 지음, 그린비
〈고백록〉, 아우구스티누스, 최민순 옮김, 바오로딸
〈공부하는 삶〉, 앙토냉 질베르 세르티양주, 이재만 옮김, 유유
〈곰돌이 푸 이야기 전집〉, 알렉산더 밀른, 이종인 옮김, 현대지성
〈교육의 목적과 난점〉, 이홍우 지음, 교육과학사
〈그리스인 조르바〉, 니코스 카잔차키스, 이윤기 옮김, 열린책들
〈괴물 이야기 (상)〉, 니시오 이신, 한정수 옮김, 파우스트박스
〈논어한글역주 1〉, 김용옥 지음, 통나무
〈놀이와 인간〉, 로제 카이와, 이상률 옮김, 문예출판사
〈누구를 위하여 종은 울리나〉, 어네스트 밀러 헤밍웨이, 이종인 옮김, 열린책들
〈니체 극장: 영원회귀와 권력의지의 드라마〉, 고명섭 지음, 김영사
〈니체 인생수업 : 니체가 세상에 남긴 66가지 인생지혜〉, 프리드리히 니체, 김지민 옮김, 하이스트
〈니체 신과 교육을 말하다〉, 박상철 지음, 학지사
〈니체, 디오니소스적 긍정의 철학〉, 백승영 지음, 책세상
〈니체: 건강한 삶을 위한 긍정의 철학을 기획하다〉, 백승영 지음, 한길사
〈니체 전집 1 언어의 기원에 관하여·이러한 맥락에 관한 추정·플라톤의 대화 연구 입문·플라톤 이전의 철학자들·아리스토텔레스 수사학 I·유고 (1864년 가을 – 1868년 봄) : 예수의 생애에 관하여 외〉, 김기선 옮김, 책세상
〈니체 전집 2 비극의 탄생·반시대적 고찰〉, 이진우 옮김, 책세상
〈니체 전집 3 유고 (1870년-1873년) : 디오니소스적 세계관·비극적 사유의 탄생 외〉, 이진우 옮김, 책세상
〈니체 전집 7 인간적인 너무나 인간적인 I〉, 김미기 옮김, 책세상
〈니체 전집 8 인간적인 너무나 인간적인 II〉, 김미기 옮김, 책세상
〈니체 전집 10 아침놀〉, 박찬국 옮김, 책세상
〈니체 전집 13 차라투스트라는 이렇게 말했다〉, 정동호 옮김, 책세상
〈니체 전집 14 선악의 저편·도덕의 계보〉, 김정현 옮김, 책세상
〈니체 전집 15 바그너의 경우·우상의 황혼·안티크리스트·이 사람을 보라·디오니소스 송가·니체 대 바그너〉, 백승영 옮김, 책세상
〈나는 왜 니체를 읽는가〉, 프리드리히 니체, 송동윤 편, 스타북스
〈달과 6펜스〉, 서머싯 몸 지음, 김정욱 옮김, 소담출판사
〈대승기신론 통석〉, 이홍우 지음, 김영사
〈로미오와 줄리엣〉, 윌리엄 셰익스피어, 최종철 옮김, 민음사

〈마흔에 읽는 니체〉, 장재형 지음, 유노북스
〈마흔에 읽는 쇼펜하우어〉, 강용수 지음, 유노북스
〈마음 혁명〉, 김형효 지음, 살림출판사
〈말의 힘〉, 김규호 지음, 좋은날
〈맹자〉, 맹자, 박경환 옮김, 홍익피앤씨
〈벌거벗은 임금님〉, 한스 크리스티안 안데르센, 김서정 옮김, 웅진주니어
〈법철학〉, 빌헬름 헤겔, 서정혁 옮김, 지식을만드는지식
〈비극의 탄생〉, 프리드리히 니체, 김남우 옮김, 열린책들
〈사람에게는 얼마만큼의 땅이 필요한가?〉, 레프 톨스토이, 홍순미 옮김, 써네스트
〈삶의 정도〉, 윤석철 지음, 위즈덤하우스
〈성과 속〉, 미르체아 엘리아데, 이은봉 옮김, 한길사
〈소크라테스의 변명: 크리톤, 파이돈, 향연〉, 플라톤, 황문수 옮김, 문예출판사
〈수사학/시학〉, 아리스토텔레스, 천병희 옮김, 숲
〈시간과 이야기 1〉, 폴 리쾨르 지음, 김한식, 이경래 옮김, 문학과지성사
〈신기관〉, 프랜시스 베이컨, 김홍표 옮김, 지식을만드는지식
〈어린 왕자〉, 앙투안 드 생떽쥐페리, 황현산 옮김, 열린책들
〈오즈의 마법사 1〉, 프랭크 바움, 최인자 옮김, 문학세계사
〈위키드 1〉, 그레고리 맥과이어, 송은주 옮김, 민음사
〈이 사람을 보라〉, 프리드리히 니체, 이상엽 옮김, 지식을만드는지식
〈인생수업〉, 엘리자베스 퀴브러 로스, 데이비드 케슬러, 류시화 옮김, 이레
〈인정〉, 악셀 호네트, 강병호 옮김, 나남
〈인어의 숲〉, 타카하시 루미코, 학산문화사
〈장자 읽기의 즐거움: 망각과 자유〉, 강신주 지음, 생각의 나무
〈존재와 무〉, 장 폴 샤르트르, 변광배 옮김, 민음사
〈죽음의 수용소에서〉, 빅터 프랭클, 이시형 옮김, 청아출판사
〈중용, 인간의 맛〉, 김용옥 지음, 통나무
〈쾌락원칙을 넘어서〉, 지그문트 프로이트, 박찬부 옮김, 열린책들
〈초인수업: 나를 넘어 나를 만나다〉, 박찬국 지음, 21세기북스
〈파우스트〉, 요한 볼프강 괴테, 안인희 옮김, 현대지성
〈학문의 즐거움〉, 히로나카 헤이스케, 방승양 옮김, 김영사
〈학습된 낙관주의〉, 마틴 셀리그만, 최호영 옮김, 21세기북스
〈호모 루덴스〉, 요한 호이징하, 이종인 옮김, 연암서가

니체 철학 한 조각

2025년 9월 초판 1쇄

지은이 류재훈

기획, 편집 박지선
디자인 강소연, 송지현
펴낸곳 (주)넷마루

주소 08377 서울 구로구 디지털로33길 48 대륭포스트타워7차 20층
전화 02-597-2342 **이메일** contents@netmaru.net
출판등록 제 25100-2018-000009호

ISBN 979-11-93752-12-8 (03100)

Copyright © netmaru, 2025
이 책은 저작권법에 따라 보호를 받는 저작물이므로 무단 복제 및 무단 전재를 금지합니다.

책값은 뒤표지에 있습니다. 잘못 만들어진 책은 구입한 곳에서 바꿔 드립니다.